Guten Tag!

Was haben Berlin, New York, Warschau, London und Lüneburg gemeinsam? Alle Städte schmücken sich mit einem Bau des Stararchitekten Daniel Libeskind. In Lüneburg entstand nach seinen Plänen der lange umstrittene Zentralbau der Leuphana-Universität (Abb. S. 52). Der ein wenig an das Jüdische Museum in Berlin erinnernde Bau ist heute ein architektonisches Highlight und Anziehungspunkt nicht nur für Studenten.

EIN TRAUM IN VIOLETT

Moderne Architektur hat auch andernorts Einzug in die Lüneburger Heide gehalten, so mit dem Hundertwasser-Bahnhof in Uelzen, vor allem aber in der Autostadt Wolfsburg mit ihren glitzernden Glastürmen. Eigentliche Attraktion der Region ist jedoch die Natur. Die schönsten Heidelandschaften bietet der Naturpark Lüneburger Heide, den wir Ihnen gleich im ersten Kapitel vorstellen. Auch weiter südlich in der Gegend rund um Celle gibt es wunderschöne Heidegebiete. Wenn Sie ebenso wie ich gar nicht genug von dieser Landschaft bekommen können, empfehle ich Ihnen den Heidschnuckenweg, ein 220 km langer Fernwanderweg, der zu den schönsten Heideflächen führt – natürlich kann man auch Teilstrecken absolvieren (S. 99).

ZUM FRESSEN GERN

Verantwortlich für die violetten Farbflächen im August und September ist die Besenheide. Die Pflanze ist ein wahrer Überlebenskünstler, sie ist perfekt an karge und trockene Böden angepasst. Gesichert ist ihr Überleben durch die Heidschnucken, die die Pflanze im wahrsten Sinne des Wortes zum Fressen gern haben. Sie knabbern die jungen Triebe ab und sorgen damit für das Fortbestehen der Heidepflanze, die sonst verholzen würde. Auch wenn die Heidschnucken ihren Job gut machen, gehört die Besenheide zu den gefährdeten Pflanzen.

Herzlich

Ihre

Birgit Borowski

Birgit Borowski
Redaktion DuMont Bildatlas

Für *Gerald Hänel* (links) war die Foto-Recherche zur Lüneburger Heide fast ein Heimspiel, lebt er doch in Hamburg. Auch *Sven Bremer* (rechts), Autor dieses Bandes, hatte es nicht weit. Er hat seinen Wohnsitz in Bremen.

56

Bis zu 2 Mio. Zuschauer sehen die in Lüneburg spielende Daily Soap „Rote Rosen" – eine bessere Werbung für die Stadt gibt es nicht.

42

An der Ilmenau schlägt das Herz Lüneburgs.

24

Heideidylle im Naturpark Lüneburger Heide.

Impressionen

8 Ein Heide-Bilderbogen: Spaziergang im Spätsommer, Lüneburger Stintmarkt, Gifhorns Mühlen aus aller Welt, Heidschnucken-Wanderung, Bad Bevensens Kurparknächte, Klosterpracht in Wienhausen und Traditionelles vor Celler Fachwerk

Naturpark Lüneburger Heide

24 **ZWISCHEN HEIDEIDYLLE UND HALLIGALLI**
Rund um den Wilseder Berg sorgen die Heidschnucken für den Erhalt dieser Kulturlandschaft, die Hermann Löns in seinen Gedichten und Geschichten beschrieb. Unweit davon entstand im Laufe der vergangenen 30 Jahre eine Tourismusmaschinerie, die letztendlich mit zum Schutz der Heide beiträgt.

38 **STRASSENKARTE | INFOS | JA NATÜRLICH**

Lüneburg /Nordheide

42 **DAS SALZ EINER HEIDEREISE**
Salzabbau ist die Basis von Lüneburgs Schönheit, die Tausende von Touristen anlockt, die in der Nordheide ein breites Angebot vorfinden: vom Schiffshebewerk bis zur expressionistischen Kunststätte.

ZUR SACHE
56 **HERZERWÄRMENDE WERBUNG**
Seit 2006 ist die Telenovela „Rote Rosen" eine Dauerwerbesendung für die Salzstadt.

60 **STRASSENKARTE | INFOS | JA NATÜRLICH**

Wendland /Elbtalaue

64 **RUHE IM „WILDEN OSTEN"**
Die ganz besondere Flora und Fauna der Elbtalauen hat der Flusslandschaft das Prädikat Biosphärenreservat eingebracht. Im Wendland hoffen sie, dass Rundlingsdörfer von der UNESCO als Weltkulturerbe anerkannt werden.

ZUR SACHE
74 **ALLES IM FLUSS**
Als Grenzfluss blieb die Elbe während der deutschen Teilung weitgehend unangetastet. Typische Fluss- und Auenstrukturen konnten sich deshalb schützenswert erhalten.

76 **STRASSENKARTE | INFOS | JA NATÜRLICH**

Celle /Südheide

80 **BAROCKE PRACHT UND SCHWARZES GOLD**
Celles prächtiges Welfenschloss umgibt die Stadt mit dem wohl schönsten Fachwerkensemble in Deutschlands Norden. Vor deren Toren finden sich idyllische Heidelandschaften und das ehemalige Zentrum der deutschen Erdölförderung.

ZUR SACHE
92 **DIE BIENENFLÜSTERER**
Imkerei hat in der Lüneburger Heide eine lange Tradition. Seit fast hundert Jahren befindet sich in Celle auch der Sitz des Instituts für Bienenkunde.

96 **STRASSENKARTE | INFOS | JA NATÜRLICH**

Von Uelzen nach Wolfsburg

100 **ZEUGEN DES ZEITGEISTES**
Wolfsburg mit Volkswagen ist ein wichtiger Punkt auf der Weltkarte des 21. Jahrhunderts. Im Kloster Ebstorf ist die mittelalterliche Weltsicht kartografiert, und Uelzen präsentiert stolz ein Projekt der Weltausstellung des Jahres 2000.

ZUR SACHE
108 **UNTER WÖLFEN**
Keine andere Stadt in Deutschland ist so durch ein Unternehmen geprägt wie Wolfsburg.

110 **STRASSENKARTE | INFOS | JA NATÜRLICH**

Anhang

116 **HILFREICH & NÜTZLICH**
119 **REGISTER, IMPRESSUM**
120 **URLAUB ERINNERN**

Unsere Favoriten

22 **Freizeitparks**
Nervenkitzel zwischen Auto, Achterbahn, Skipiste und Wolfsrudel.

36 **Landgasthöfe**
Hier kommen nicht nur Heidjer-Spezialiäten auf den Tisch.

114 **Naturführungen**
Die Natur der Heide und die dort lebenden Tiere.

Das Beste erleben

Berührend, aufregend und spannend ...
sind unsere Ideen, die wir für Ihren Aufenthalt
in der Lüneburger Heide zusammengetragen haben.

Frischer Schwung

* 1 *

LÜNEBURGER STINTMARKT

Am Ufer der Ilmenau liegt die vielleicht schönste Kneipenmeile Norddeutschlands.

Seite 61

* 2 *

RUND UM DIE RUNDLINGE

Die außergewöhnlichen Dörfer des Wendlands kann man erwandern oder mit dem Fahrrad erkunden.

Seite 78

* 3 *

AUF SAFARI

Im Serengeti-Park Hodenhagen begegnet man Löwen, Giraffen, Elefanten, Nashörnern und Zebras hautnah.

Seite 97

* 4 *

AUTOSTADT WOLFSBURG

Das Image des Autobauers hat gelitten, sein Erlebniscenter ist aber unverändert einen Besuch wert.

Seite 112

Große Kunst

* 5 *

HISTORISCHE HEIDEKIRCHEN

Die typischen, aus Feldsteinen errichteten Heidekirchen findet man u. a. in Egestorf, Salzhausen und Undeloh.

Seiten 39 und 62

* 6 *

AM SANDE IN LÜNEBURG

Mit der historischen Bebauung einer der schönsten Plätze Norddeutschlands.

Seite 61

* 7 *

DEUTSCHES SALZMUSEUM LÜNEBURG

Alles Wissenswerte zum „Weißen Gold“, das der Stadt einst Wohlstand gebracht hat.

Seite 61

* 8 *

CELLES ALTSTADT

Ein Gesamtkunstwerk mit 500 historischen Fachwerkbauten.
Seite 97

* 9 *

WIENHAUSEN UND EBSTORF

Die beiden Heideklöster bieten eindrucksvolle Ausflüge in die Vergangenheit.
Seiten 97 und 111

* 10 *

HUNDERTWASSER IN UELZEN

Der kunterbunte Kultur-Bahnhof ist viel zu schade, um nur in den nächsten Zug zu steigen.
Seite 111

Grüne Wunder

* 11 *

PIETZMOOR

Das schaurig-schöne Moorgebiet ist am herrlichsten, wenn das Wollgras blüht.
Seite 39

* 12 *

NICHT NUR ZUR HEIDEBLÜTE

Der Totengrund, eine der schönsten Heideflächen unweit des Wilseder Bergs, ist immer ein Erlebnis.
Seite 41

* 13 *

BIOSPHÄRENRESERVAT ELBTALAUEN

Die Auenlandschaft entlang dem Elbe-Urstromtal, Heimat von Störchen und Bibern, wird in Bleckede auf den Punkt gebracht.
Seite 77

MAGISCHE MOMENTE

Die Lüneburger Heide ist ein Paradies für Naturliebhaber und Wanderer. Am schönsten ist sie in der Zeit der Heideblüte im Spätsommer. Dann jedoch ist man so gar nicht allein auf den Heideflächen rund um den Wilseder Berg oder auch in der Ellerndorfer Wacholderheide zwischen Uelzen und Munster (Foto). Wer die besondere Magie erleben will, die dieser Landschaft innewohnt, der sollte zu anderen Zeiten auf Heide-Tour gehen.

MITTELALTERLICHE PRACHT

Die alte Hansestadt Lüneburg ist das wirtschaftliche und kulturelle Zentrum der Region. Dort, wo einst die Waren auf Schiffe verladen wurden, am Fisch- und Stintmarkt, gibt es heute ein buntes gastronomisches Angebot.

ES KLAPPERN DIE MÜHLEN ...

Die Lüneburger Heide hat neben einzigartiger Natur auch eine erstaunliche Vielzahl kultureller Anziehungspunkte zu bieten: das Welfenschloss zu Celle, die Heideklöster, Freilichtmuseen und Wildparks, den Uelzener Hundertwasser-Bahnhof – und das einzigartige Gifhorner Wind- und Wassermühlen-Museum. Hier drehen sich nicht nur die Flügel oder rattern die Räder von diversen Wind- und Wassermühlen.

WAPPENTIER DER HEIDE

Heidschnucken sind das Wappentier der Lüneburger Heide – und die nachhaltigsten Bewahrer dieser Kulturlandschaft. Die Schafe fressen die grünen Triebe der Heidepflanze, woraufhin neue Triebe entstehen und die Pflanze nicht verholzt. Und sie verbeißen die Baumschößlinge, die aus der Heide in Windeseile eine Waldlandschaft machen würden. Einst zogen die Schäfer mit einer halben Million Schnucken durch die Heide, heute sind es um die zehntausend.

FARBENFROHES SPEKTAKEL

Die Lüneburger Heide ist längst auch eine touristische Erlebnisregion mit vielen Festivitäten. In Soltau stehen die wildesten Achterbahnen und im Serengeti-Park geht es tierisch zu. Bad Bevensens Kurpark verwandelt sich bei den Kurparknächten in ein buntes Gesamtkunstwerk. Illuminationen und Fackeln zaubern eine mystische Atmosphäre in den Park, der dann von wundersamen Gestalten bevölkert wird (Foto).

OLIBRIVS · S · MARGARETA

KULTURSCHÄTZE IM KLOSTER

Die sechs Heideklöster bergen eindrucksvolle Kulturschätze – im Kloster Ebstorf beispielsweise befindet sich die größte Weltkarte des Mittelalters. Höhepunkt einer Kulturreise durch die Lüneburger Heide dürfte jedoch der Besuch des Klosters Wienhausen sein. Im frühen 13. Jahrhundert als Zeuge damaligen Wohlstands gegründet, beeindruckt es bis heute mit wunderschönen Wandmalereien im Nonnenchor (Foto).

TRADITION UND MODERNE

Celles Pfund sind Fachwerkhäuser aus diversen Zeiten. Die ehemalige Residenzstadt beherrscht den Spagat zwischen Tradition und Moderne. Der Musikzug der Celler Knappen bietet eher Volkstümliches und setzt auf Tradition.

nditorei
DVRCH DEINE CRAFT HER IESV CHRIST BEWAHRE DISHAVS VND SEGENE WAS DARINEN IST ANNO 1629

Die besten Freizeitparks

TIERISCH UND TIERISCH AUFREGEND

Die Lüneburger Heide ist bekannt für ihre Naturschönheiten. Doch heute steht die Region auch für ihre außergewöhnlichen Erlebniscenter und Freizeitparks. Vom Serengeti-Park und dem Weltvogelpark über die einzigartige Otteraufzuchtstation bis zum Heidepark und der Wolfsburger Autostadt sind jede Menge Attraktionen im Angebot.

1 Heide Park

Mehr Kontrast zur idyllischen Heidewanderung in der Natur geht nicht. Heide Park Resort in Soltau bedeutet Action und Nervenkitzel pur. Der zweitgrößte Freizeitpark Deutschlands bietet rund 40 Fahrgeschäfte, darunter einige außergewöhnliche Attraktionen wie den Big Loop, das Desert Race und die rasante Bobbahn. Der Colossos, einst die größte Holzachterbahn der Welt, war jahrelang geschlossen. 2019 wurde nach siebenmonatiger Bauzeit eine neue Achterbahn eröffnet; noch schneller als der Vorgänger, mit 60 Metern nun immerhin die höchste Holzachterbahn Europas. Zudem im Programm: diverse Shows und Action wie die Ghostbusters-Jagd. Für die ganz kleinen Besucher gibt es das Peppa Pig Land. Seit einigen Jahren kann man im Heide Park Resort sogar einen Kurzurlaub verbringen. Übernachtet wird im Abenteuerhotel mit seinen fantasievollen Zimmern, mit dem Klabautermann im Piratenzimmer, zum Gruseln im Dämonenzimmer, im Dschungelzimmer oder der Drachen-Suite.

Heide Park Resort, Heide Park 1, 29614 Soltau, Tel. 01806 91 91 01, www.heidepark.de; tgl. 10.00–18.00 Uhr

2 Serengeti Park

Giraffen, Nashörner und Löwen werden in der Norddeutschen Tiefebene – gottlob – nur selten gesichtet. Bei Hodenhagen kann man sie nicht nur sehen, sondern ihnen auf Safari im eigenen Auto ganz nahe kommen. Wie man sich denken kann, gilt das nicht für Cabrios oder Autos mit Faltdach. Und wem der Lack des eigenen Autos heilig ist, der kann auch zur Safari mit dem Serengeti-Bus starten. Insgesamt 1500 freilaufende exotische Tiere leben auf dem riesigen Gelände. Die zahmsten und friedlichsten unter ihnen lassen sich im „Wild-Areal Europa" füttern und streicheln. Wer es noch spannend und abenteuerlich schätzt, begibt sich im offenen Jeep auf Dschungel-Safari oder düst mit dem Jetboat über den „Black-Mamba-River". Für zusätzliche Unterhaltung sorgen Fahrgeschäfte auf dem Gelände – u.a. Gantu-Top-Spin, Victoria-Freefall, Mokora-Wildwasserfahrt, Afrika-Express.

Serengeti Park, Am Safaripark 1, 29693 Hodenhagen, Tel. 05164 97 99 0, www.serengeti-park.de; Ende März–Anf. Nov. tgl. 10.00 bis 17.00/18.00, im Juli und Aug. z.T. bis 18.30 Uhr

3 Weltvogelpark Walsrode

Er ist der größte Vogelpark der Welt, und auf seinem Gelände leben Vögel aus aller Welt, also nannte sich der bereits 1962 gegründete Vogelpark Walsrode um in Weltvogelpark. Mehr als 4000 Vögel aus den verschiedensten Klimazonen leben in der Gartenlandschaft – vom Kolibri bis hin zu riesigen Greifvögeln. Höhepunkt ist für viele Besucher die Flugshow, bei der Weißkopf-Seeadler „Lady" und Anden-Kondor „Carlos" die Stars sind.

Weltvogelpark Walsrode, Am Vogelpark, 29664 Walsrode, Tel. 05161 60 44 0, www.weltvogelpark.de; Ende März–Okt. Kernzeit tgl. 10.00–17.00 Uhr

4 Ralf Schumacher Kartcenter

Für alle mit Benzin im Blut ist die Kartbahn von Ralf Schumacher das Richtige. Der einstige Formel-1-Profi bietet eine 1000 Meter lange Outdoor-Kartbahn (April–Okt.), auf der bis zu 70 km/h erreicht werden können sowie ganzjährig eine 600 Meter lange Indoor-Bahn. Besonderheit der Strecke in der Halle: die Piste führt vorbei an echten Formel-1-Boliden. Auf beiden Strecken werden auch Kurse angeboten.

Ralf Schumacher Kartcenter, Horstfeldweg 5, 29646 Bispingen, Tel. 05194 98 20 50, www.rs-kartcenter.de; 10.00/12.00/15.00–21.00/22.00 Uhr

5 Skihalle im Abenteuer Resort

Schwarze Pisten kann man nicht erwarten. Aber für alle, die ihre Möglichkeiten auf zwei Brettern oder dem Snowboard erlernen oder auffrischen wollen, ist Bispingen genau das Richtige. 300 Meter lang und bis zu 100 Meter breit ist die Piste aus feinstem Kunstschnee. Freestyler können sich in der Skihalle des Abenteuerresort austoben. Und Rodelfans sausen einfach die längste Indoor-Rodelbahn Deutschlands hinunter.

Berg & Tal Abenteuer Resort, Horstfeldweg 9, 29646 Bispingen, Tel. 05194 43 11 0, www.abenteuer-resort.de; Mo.–Fr. 11.00–21.00, Sa./So. ab 9.00 Uhr

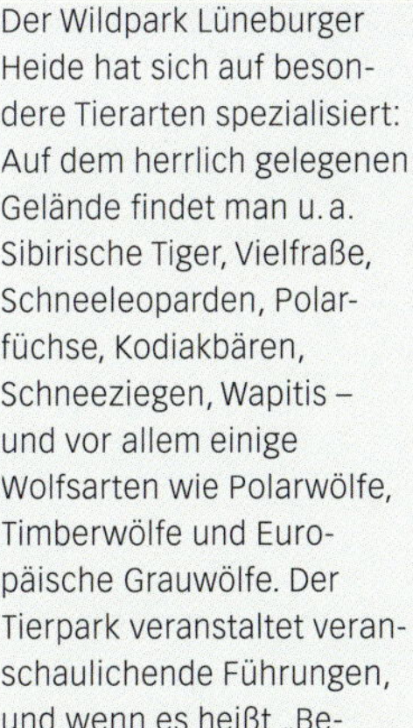

6 Wildpark Lüneburger Heide

Der Wildpark Lüneburger Heide hat sich auf besondere Tierarten spezialisiert: Auf dem herrlich gelegenen Gelände findet man u. a. Sibirische Tiger, Vielfraße, Schneeleoparden, Polarfüchse, Kodiakbären, Schneeziegen, Wapitis – und vor allem einige Wolfsarten wie Polarwölfe, Timberwölfe und Europäische Grauwölfe. Der Tierpark veranstaltet veranschaulichende Führungen, und wenn es heißt „Berühmte Irrtümer in der Tierwelt", räumen Experten mit allerlei „gefährlichem Halbwissen" auf.

Wildpark Lüneburger Heide, Wildpark 1, 21271 Hanstedt, Tel. 04184 89 39 0, www.wild-park.de; März bis Anf. Nov. tgl. 8.00–19.00, sonst tgl. 9.30–16.30 Uhr

7 Otter-Zentrum

Ein weltweit einzigartiger Tierpark ist das Otterzentrum in Hankensbüttel. Die Anlage widmet sich der Pflege und dem Erhalt der seltenen Fischotter und einiger seiner Verwandten wie Marder, Iltis und Dachs. Nerze kennt man meist als wärmende Bekleidung wohlhabender Damen, hier tummeln sich quicklebendige Exemplare und ihre amerikanischen Vettern, die Minke, in einer speziell für sie eingerichteten Moorlandschaft.

Otter-Zentrum, Sudendorfallee 1, 29386 Hankensbüttel, Tel. 05832 98 08 0, www.otterzentrum.de; Febr.–Nov. 9.30–17.00/18.00 Uhr

8 Autostadt Wolfsburg

Auch wer nicht mit einem Fabrikat aus dem Hause VW sympathisiert, kann hier in Wolfsburg einiges erleben. In den Markenpavillons erfährt man alles Wissenswerte zu den Marken von VW und Audi über Skoda bis zu Lamborghini. Im „Zeithaus" kommen vor allem auch Nostalgiker auf ihre Kosten. Erhellend und unterhaltsam ist die Ausstellung „Beziehungskisten". Und dort wo die „Design-Ikonen" ausgestellt sind, da lässt sich nur noch Schwärmen für die wohl schönsten Vertreter der Automobilgeschichte.

Autostadt Wolfsburg, Stadtbrücke, 38440 Wolfsburg, Tel. 0800 288 67 82 38, www.autostadt.de; tgl. 10.00–18.00 Uhr

NATURPARK LÜNEBURGER HEIDE

*

ZWISCHEN HEIDEIDYLLE UND HALLIGALLI

*

Rund um den Wilseder Berg sorgen Heidschnucken als Landschaftspfleger auf vier Beinen für den Erhalt dieser Kulturlandschaft. Unweit davon entstand eine Tourismusmaschinerie, die nicht jeder schätzt, die aber die Gemeindekassen füllt – was letztendlich auch der Heide zugutekommt.

Unterwegs in der Timmerloher Heide bei Bispingen.

Einen Mann verbindet man mit der Lüneburger Heide wie die Heideblüte und den Wilseder Berg: Hermann Löns, den man gern auch den Heidedichter nennt. Der Mann war der Landschaft geradezu verfallen, reimte Vers um Vers über seine große Liebe, die Heide. „Auf der Lüneburger Heide, in dem wunderschönen Land, ging ich auf und ging ich unter, allerlei am Weg ich fand", dürften mit die bekanntesten Zeilen Löns' sein. Niedliches reimte Löns über die Fauna der Heide. Fuchs und Hase nannte der Heidedichter „Kunrad Flinkfoot" und „Lieschen Hopsinskrut".

Hermann Löns, im westpreußischen Culm geboren, schrieb die meisten seiner Kurzgeschichten und Gedichte über die Heide in den ersten Jahren des 20. Jahrhunderts. Löns war – positiv ausgedrückt – ein vielschichtiger Mann. Er hatte Mathematik studiert, er war Journalist, Jäger und Naturforscher in einem. Er war aber ganz offensichtlich auch dem Alkohol extrem zugetan, er verdarb es sich allzu oft mit seinen Frauen, die im Laufe der Jahre immer jünger wurden.

Andererseits: Löns war seiner Zeit voraus; manches, was er vor mehr als 100 Jahren sagte, würde man heute im Parteiprogramm der „Grünen" erwarten. Eine Macht, so ein enthusiastischer Löns, müsse die Naturschutzbewegung werden. Eine Macht, die sich gegen die Interessen des Kapitals stelle. Das klingt nach „Öko", das klingt gar revolutionär, und das war vor etwas mehr als 100 Jahren visionär. Man werde die Umweltsünder aufhalten, versprach der Umweltschützer Löns: „Vielfach hat man sich ihnen zuliebe in ganz unnützer Weise an der Natur versündigt. Und wenn wir sie

»DAS WICHTIGSTE STÜCK DES REISEGEPÄCKS IST UND BLEIBT EIN FRÖHLICHES HERZ.«

Hermann Löns

Mit 2 PS durch die Heide (oben). Die wasserreiche Schwindebecker Quelle bei Amelinghausen (Mitte). Besenheide, die Blume des Jahres 2019 (unten).

Der Wilseder Berg gilt als das Herz der Lüneburger Heide und bietet einen herrlichen Blick auf die umliegende Landschaft – vor allem während der Heideblüte von Anfang August bis Mitte September (oben).
Von fast überall rund um den Wilseder Berg fahren die beliebten Heidekutschen zum Ort Wilsede im Naturschutzgebiet. Eine bis anderthalb Stunden dauern die Fahrten (unten).

Wollgrasblüte (April/Mai) im Pietzmoor bei Schneverdingen: Das etwa 8000 Jahre alte Hochmoor erstreckt sich heute noch über eine Fläche von zweieinhalb Quadratkilometern. Ein fünf Kilometer langer Rundwanderweg aus Bohlenstegen führt zu diesem Naturschauspiel (rechts oben und rechts Mitte).

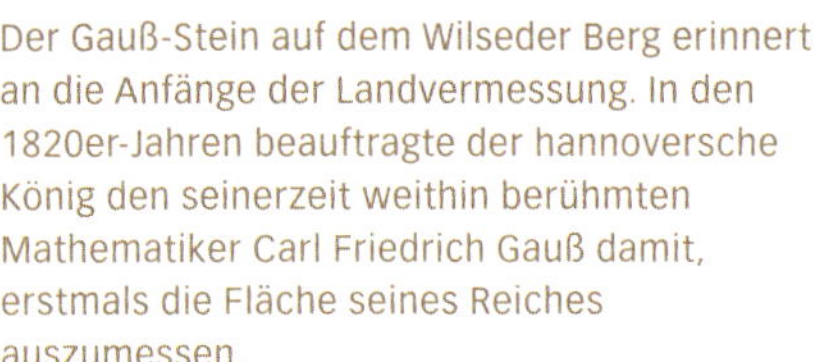

Der Gauß-Stein auf dem Wilseder Berg erinnert an die Anfänge der Landvermessung. In den 1820er-Jahren beauftragte der hannoversche König den seinerzeit weithin berühmten Mathematiker Carl Friedrich Gauß damit, erstmals die Fläche seines Reiches auszumessen.

Zur flachen Senke des Büsenbachs bei Undeloh gehört auch eine weite Heidefläche. Das Heidegewässer versickert streckenweise im Untergrund, um talabwärts wieder zu Tage zu treten.

Gebirgslandschaft der Borsteler Schweiz: Die auffälligen Erhebungen östlich Bispingen sind ein beliebtes Heidewanderrevier.

hindern, solche Sünden weiter zu begehen, so werden wir heute vielleicht Hohn und Spott ernten. Die Nachwelt aber wird es uns danken."

Allerdings schrieb der Heidedichter noch ein paar Zeilen mehr zu diesem Thema. Zu lesen ist nämlich auch bei Löns: „Wir wollen verhindern, dass der große Volksgesundungsbrunnen verschüttet, das heilige Seelenbad verunreinigt werde. Weil wir wissen, dass Naturschutz gleichbedeutend ist mit Rasseschutz." Der Dichter prangerte an, dass „Humanistik und Internationalismus uns kaputtgemacht haben".

Das hört sich nun wieder eindeutig mehr nach politisch ganz rechtem Rand, nach Nationalismus und Rassismus an, und so war es wohl auch kein Wunder, dass ihn die Nationalsozialisten einige Jahrzehnte später instrumentalisieren konnten. Hermann Löns' Matrosenlied beispielsweise war im Zweiten Weltkrieg die Hymne der deutschen Bomberpiloten bei den Fliegerangriffen auf England. Löns selbst konnte sich dagegen nicht mehr wehren, er starb bereits im Ersten Weltkrieg in der Schlacht bei Reims am 26. September 1914 den Soldatentod. Ein Nazi, so glauben auch kritische Löns-Kenner, wäre Hermann Löns wohl nicht geworden – aber nur romantischer Heidedichter und Naturliebhaber war er eben auch nicht.

LANDSCHAFTSPFLEGER HEIDSCHNUCKE

Noch mehr als Hermann Löns gehört die Heidschnucke zur Lüneburger Heide. Anders gesagt: Ohne das stets hungrige grauzottelige Schaf gäbe es die Heide in der heutigen Form und ihrer ganzen Pracht nicht mehr. Die Heidschnucken sind fast 365 Tage mit ihren Schäfern in der Heide unterwegs, nicht zur Belustigung der Touristen, sondern als Landschaftspfleger und als Bewahrer dieser einzigartigen Landschaft. Entstanden sind die Heideflächen in der Jungsteinzeit. Zunächst bedeckten dichte Wälder die Region. Doch durch allzu intensive Beweidung entstanden weite, offene Flächen, auf dessen sandigen und nährstoffarmen

Böden sich die anspruchslose Besenheide breit machte. Die Heide ist also keine Naturlandschaft, sondern eine von Menschenhand verursachte Kulturlandschaft.

Die Schnucken fressen die grünen Triebe der Heidepflanze, woraufhin neue Triebe entstehen und sich die Pflanze so verjüngt. So wird die Heide kurzgehalten und verholzt nicht. Zudem verbeißen die Schnucken junge Bäume – überwiegend Birken- und Kiefernschößlinge – bis zu anderthalb Meter Höhe, die sich sonst ausbreiten und die Heidepflanzen verdrängen könnten. Ohne die hungrigen Schnucken würde die Heide in relativ kurzer Zeit von Wald überwuchert.

Früher, vor gut 150 Jahren, zogen die zahlreichen Heidebauern noch mit mehr als einer halben Million Schnucken durch die Landschaft. Die Haltung der genügsamen Tiere diente der Produktion von Wolle, Fleisch und Dünger und war ein wichtiger Wirtschaftsfaktor für die Heidjer. Heute sind es lediglich noch rund 10000 Schnucken – mit überwiegend einer Aufgabe, eben dem Erhalt der Heidelandschaft. Eine Herde besteht in der Regel aus etwa 350 „Muttern", je nach Saison bis etwa 400 Lämmern und einigen wenigen Böcken. Ein großer Anteil der Tiere ist inzwischen im Besitz der Stiftung Naturschutzpark. Denn rentabel ist es längst nicht mehr, ohne die Subventionen vom Staat beziehungsweise von der Europäischen Union und ohne Zusatzeinnahmen aus dem Tourismusgeschäft könnte wohl kaum ein Betrieb überleben. Zumal die Wolle rein gar nichts einbringt. Sie ist hart und kratzig, wird von jedem Karnickelfell an Flauschigkeit und Eleganz übertroffen. Entweder muss der Heidschnucken-

SO IDYLLISCH DIE HEIDESCHÄFEREI AUCH WIRKEN KANN, SIE IST HARTE ARBEIT.

Bei Schneverdingens Höpen unterwegs mit der Heidschnuckenherde des Schäfers Walter Helms (oben). Um die von Besuchern geschätzte Blütenpracht so richtig entwickeln zu können, sollen Heidepflanzen nicht größer als eine Handlänge werden – Heidschnucken leisten mit ihrem Verbiss einen wesentlichen Beitrag dazu (unten).

Einst hatte jeder Heidehof seine eigenen Tiere. Heute ziehen durch die Lüneburger Heide noch lediglich zwölf Heidschnuckenherden, denen seit einiger Zeit immer auch ein paar Ziegen angehören. Und nicht jeden Abend geht es in den heimatlichen Stall wie hier bei Schäfer Jürgen Funck in Wilsede.

Äußerlich zeigt Iserhatsche noch das Gesicht eines 1913 errichteten Baus eines Stahlbarons. Im Inneren dagegen verwandelte der Preußenverehrer Uwe Schulz-Ebschbach die frühere Jagdvilla in ein Märchenschloss.

Rund ums Jahr Heideblüte am Höpen: Eine der 180 Heidesorten im Heidegarten Schneverdingen blüht immer.

Im Innern der Villa Iserhatsche wird der gloriosen preußischen Vergangenheit gehuldigt – hier das Diana-Sanssouci-Zimmer.

Special

Iserhatsche

Neuschwanstein der Heide

Die Iserhatsche ist der wahr gewordene Traum des Malermeisters Uwe Schulz-Ebschbach, eine Art Neuschwanstein der Heide.
Viele Besucher wissen nicht so recht, wie sie das bunte Potpourri des selbst ernannten Freiherrn von Iserhatsche finden sollen. Irgendwie fragt man sich unweigerlich: „Ist das Kunst oder kann das weg?“ Und dennoch hat der Kunstkitsch oder wie auch immer man das Lebenswerk des gebürtigen Berliners bezeichnen will, etwas Faszinierendes. Die Jagdvilla samt Garten hat Schulz-Ebschbach in den späten 1970er-Jahren der Firma Reemtsma abgekauft und in seinem Sinne umgestaltet – mit einem Diana-Zimmer und einem über und über vergüldeten Esszimmer, denen auf Potsdams Schloss Sanssouci nachempfunden.
Aber drinnen ist alles noch harmlos. Im Freien hat sich der exzentrische Freiherr so richtig ausgetobt. Blickfang und Mittelpunkt ist das Heide-Kastell Montagnetto samt Wasserfall und Vulkan, eine Mischung aus Geisterbahn und barockem Kuriositätenkabinett. Auf Knopfdruck spuckt der lavarot bemalte Lavakegel Feuer wie einst bei der Augsburger Puppenkiste. Im Inneren des verwinkelten Kastells findet man den „Berg der Sammelleidenschaft“, der beispielsweise die weltweit größte Sammlung voller Bierflaschen beherbergt, Überraschungseier, Toiletten-Pümpel und zudem eine halbe Million Streichholzschachteln aus aller Welt. Ein paar Schritte weiter präsentieren Deckenmalereien im Trausaal die acht Weltwunder: die sieben allgemein bekannten – und natürlich Iserhatsche als achtes. Keine Frage, wo der Hausherr begraben werden möchte, selbstverständlich inmitten seiner bunten Phantasiewelt. Schulz-Ebschbach hat vorgesorgt und einen gläsernen Sitzsarg konzipiert, der bei seinem Ableben im Mausoleum im Montagnetto platziert werden soll.

züchter sie kostenpflichtig entsorgen, oder er veräußert sie für wenig Geld an Betriebe, die die Wolle als Bio-Dämmstoff beim Bauen einsetzen. Hin und wieder werden auch Teppiche daraus gewoben.

DELIKATESSEN VON DER SCHNUCKE

Und deshalb gilt im Sinne der Züchter und im Sinne des Naturschutzes: Esst mehr Heidschnuckenfleisch! Das mag ein wenig absurd klingen, in Zeiten, in denen überall auf der Welt die Reduzierung des Fleischkonsums gefordert wird. Aber während global betrachtet der Verzicht auf Fleisch einen wichtigen Aspekt zum Klimaschutz darstellt, tut man etwas für den Naturschutz in der Lüneburger Heide, wenn man das Fleisch der Heidschnucke verzehrt und so für Umsatz bei den Haltern sorgt.

Abstammen soll die Heidschnucke übrigens von den Mufflons auf Korsika und Sardinien, andere wiederum zählen sie zu den Europäischen bzw. Nordischen Kurzschwanzschafen. Bei der Schnucke in der Lüneburger Heide handelt es sich jedenfalls um die Graue Gehörnte Heidschnucke; das Fell erwachsener Tiere ist zumeist silbergrau, während Brustlappen und Kopf schwarz sind. Das Fell der Lämmer ist zuerst schwarz gelockt, ehe sie nach rund vier Monaten eben-

Übergabe der Insignien der „Macht" durch die Vorgängerin: Beim Heideblütenfest in Schneverdingen erhält die neue Königin für ein Jahr Purpurmantel und Krone.

Die Krönung der neuen Königin ist unbestrittener Höhepunkt des Schneverdinger Heideblütenfests und seines Umzugs zum Höpen. Doch auch drumherum haben viele Teilnehmer ihren Spaß – wie die Wintermoorer Landfrauen.

Auch in Amelinghausen ist die Krönung der dortigen Heidekönigin Anlass ausgelassen zu feiern. Hier leistet man sich sogar eine neuntägige Festwoche samt ebenfalls aufwendigem Umzug.

Beim dreitägigen Heideblütenfest ist ganz Schneverdingen auf den Beinen. Zum Festumzug gehören geschmückte Festwagen und kostümierte Selbstdarsteller – ein Hauch von Karneval.

falls ergrauen. Der Name Schnucke entstammt dem mittelhochdeutschen Wort „Schnökern" oder auch dem niederdeutschen „Snickern", was so viel wie naschen bedeutet.

Womit wir wieder beim Genuss wären. Geschlachtet werden in der Regel die neun Monate alten Tiere. Das Heidschnuckenfleisch ist eine Delikatesse, relativ fettarm, schmeckt weniger wie Lamm, sondern eher wie Wild. Man sagt, durch den Genuss von Wildkräutern in der Heide würzt sich die Schnucke quasi selbst. Auf den Tisch kommt Heidschnuckenrücken, -keule,- oder -ragout, angeboten wird es auch als Heidjer Knipp und natürlich in Form verschiedener Würste.

KUNSTWELT MIT PALMEN

Nur wenige Kilometer von der Heideidylle entfernt gibt es vielfach nur Fast-Food. Ein Großteil der Touristen verbindet mit der Lüneburger Heide längst nicht mehr die Naturlandschaft samt ihren Heidschnucken, interessiert sich nicht für Heidekirchen und genau so wenig für die historischen Heideklöster. Sie wollen Entertainment, wollen Action, wollen Badespaß unter Palmen im November oder Skifahren im August. Bispingen kriegt das hin. In der künstlichen Urlaubswelt des Center Parc wähnt man sich in den Tropen, in der Skihalle des Abenteuerresorts wird gewedelt, wenn draußen die Heide blüht. Oder man steigt, kaum dem eigenen Auto entstiegen, in einen Kart von Ex-Formel-1-Fahrer Ralf Schumacher, um röhrend ein paar Runden zu drehen. Ein Haus, das auf dem Kopf steht und eine riesige Modelleisenbahn mit Zügen im Maßstab 1:22,5 gehören ebenfalls noch zum Angebot in Bispingen.

Nicht eben wenige Heidjer haben sich zunächst gewehrt gegen das „Plastikferienparadies", haben die kreischendbunte Scheinwelt als Stillosigkeit verdammt, sahen die Werte schwinden, die sie mit dem Naturparadies Heide verbinden. Die zahlreichen entstandenen Arbeitsplätze waren allerdings ein stichhaltiges Argument zum Ausbau der Belustigungszentren, der wirtschaftliche Nutzen, den sich Betreiber und über die Steuerabgaben auch die Gemeinden ausrechneten, sicherlich die noch stärkere treibende Kraft.

Bisweilen werden Kinder und Teenager dann noch von Eltern oder Großeltern in das Naturschutzgebiet „verfrachtet". Das sieht dann so aus, dass die Heranwachsenden, die vorher Loopings gedreht haben, zutiefst gelangweilt durch das Naturschutzgebiet stapfen – allein das Handy vor der Nase sichert ihnen ein Überleben in dieser Öde ...

Die besten Landgasthöfe

HINTER BACKSTEIN ODER FACHWERK

Backstein oder Fachwerk, inmitten blühender Heide, am Waldesrand, im Schatten einer Dorfkirche oder in der Elbtalaue. Zahlreiche Landgasthöfe in der Region laden zum Verweilen. Hier findet man Ruhe und Erholung, freundliche Gastgeber und genießt leckere regionale Spezialitäten wie Heidschnuckenbraten und Buchweizenpfannkuchen.

10

1 Heide-Landhaus Döhle

Döhle liegt nur ein paar Kilometer von Undeloh – und wurde weitgehend vom Massentourismus verschont. Wahrscheinlich ist es deshalb im Heide-Landhaus so gemütlich. Drinnen sitzt man am besten im Kaminzimmer, im Biergarten lässt man sich unter alten Bäumen den selbstgebackenen Kuchen schmecken. Natürlich kann man auch draußen die Heidekutscher-Suppe oder die Tranchen von der Heidschnucke nach Vitello-tonnato-Art genießen. Lecker ist der Heubraten von der Heidschnucke; aber auch Vegetarier finden hier etwas.

€ € € Heide-Landhaus Döhle, Dorfstraße 44, 21272 Döhle, Tel. 04175 80 28 48, www.heide-landhaus-doehle.de

2 Horster Mühle

Die Mühlräder drehen sich schon seit fast 500 Jahren. Und seit mehr als 125 Jahren sorgt die Familie Schmanns dafür, dass an diesem lauschigen Ort anständige Speisen auf den Tisch kommen. Ohne viel Schnickschnack, aber bodenständig und gut wird hier gekocht. Unbedingt zu empfehlen sind die Grützwurst mit Apfelmus und Bratkartoffeln oder das Bauernfrühstück nach Art des Hauses.

€ € € Horster Mühle, Zur Wassermühle 3, 21220 Seevetal, Tel. 04105 8 26 43, www.horstermuehle.de

3 Das Alte Haus

Inmitten des idyllischen Rundlings Jameln servieren die Gastgeber Henriette Dufresne und Christian Behning in ihrem Restaurant „Das Alte Haus" eine feine internationale, der Herkunft der Chefin geschuldete, französisch angehauchte Küche. Rustikal, geschmackvoll und gemütlich ist das Ambiente, vom Feinsten sind die Speisen. Zusammen mit dem freundlichen Service eine absolut runde Sache.

€ € € € Das Alte Haus, Bahnhofstraße 1, 29479 Jameln, Tel. 05864 608, www.jameln.de

4 Hotel Ramster

Dass im Restaurant Ramster zuverlässig gute Qualität auf den Tisch kommt, ist längst auch den Michelin-Spähern aufgefallen. Seit mehr als anderthalb Jahrzehnten schon empfehlen sie es für seine authentische, saisonale Regionalküche. Wenn die Heidschnuckenbratwurst und die Schneverdinger Heidschnuckensuppe auch weiterhin so lecker schmecken, werden die Tester das Restaurant auch in Zukunft auszeichnen.

€ € € € Hotel Ramster, Heberer Straße 16, 29640 Schneverdingen, Tel. 05193 68 88, www.hotel-ramster.de

5 Gut Bardenhagen

Kaum Heide-Romantik, keine Heidschnuckenhörner an der Wand, das Design nicht Eiche rustikal. Auf der Karte des Restaurants GUT Evening stehen Köstlichkeiten wie gebackene Rotgarnele mit dem indischen Gewürz Vadouvan, Karotte, Litschi und Pistazie als Vorspeise, Maishähnchen mit Süßkartoffeln, Granatapfel und Physalis sowie Kürbis-Ravioli in Rahm mit Tomate und Kürbiskernöl aus der Steiermark als Hauptgang. Im Angebot ist am Wochenende auch ein komplettes vegetarisches Menü.

€ € € € / € € € Gut Bardenhagen, Bardenhagener Straße 3–9, 29553 Bienenbüttel-Bardenhagen, Tel. 05823 953 99 60, www.gut-bardenhagen.de

8

4

3

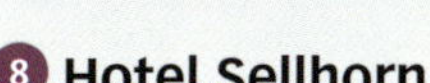

6 Hotel Hof Tütsberg

Kaum ein Hotel liegt so idyllisch wie Hof Tütsberg, dort wo sich Heidschnucke und Hase „Gute Nacht" sagen. Das Restaurant in dem historischen Gutshof aus dem 16. Jh. serviert ein großartiges Heidschnuckenknipp. Aber auch die anderen, zum Teil modern interpretierten Gerichte von der Heidschnucke munden. Kein Wunder, stammt das Fleisch doch direkt aus der eigenen Herde. Doch keine Sorge, auch Vegetarier bekommen im gemütlichen Gastraum oder auf der Terrasse etwas Leckeres.

€€€€ / €€ Hotel Hof Tütsberg, 29640 Schneverdingen-Heber, Tel. 05199 900, www.tuetsberg.de

7 Zum Lindenkrug

Nur einen Steinwurf von der Elbe entfernt, zwischen den Elbwiesen und dem bewaldeten Höhbeck und direkt am Biosphärenreservat „Niedersächsische Elbtalaue", liegt das kleine Pevestorf mit seinem urigen Gasthof. Es gibt wunderbare Bratkartoffeln, fangfrischen Elbfisch und Wildspezialitäten aus der Göhrde. 2023 hat die in der Nähe ansässige Firma Voelkel (Biosäfte) den Lindenkrug gekauft, neue Pächter führen ihn in guter, alter Tradition weiter.

€€ Lindenhof und Lindenkrug, Fährstraße 30, 29478 Pevestorf, Tel. 05846 15 05, www.ruheunderholung.de

8 Hotel Sellhorn

Das Gourmet-Restaurant in der Nordheide setzt konsequent auf regionale und saisonale Küche. Das reicht von den Heidschnucken über die Kartoffeln und Blaubeeren bis hin zum Schnaps, der in kleinen Destillen in der Lüneburger Heide gebrannt wird. Eine Spezialität ist die Currywurst vom Wildschwein mit Himbeercurrysauce und Süßkartoffelpommes, eine andere Sellhorn Burger.

€€€€ / €€ Hotel Sellhorn, Winsener Straße 23, 21271 Hanstedt, Tel. 04184 80 10, www.hotel-sellhorn.de

9 Niemeyers Posthotel

Die „Schäferstuben" zählen zu den besten Adressen in der Südheide. Klassische deutsche Küche zeigt hier ein modernes Gewand, alle Gerichte sind erstklassig zubereitet. Auf der überschaubaren Karte findet man Heide-Klassiker wie geschmorte Heidschnuckenkeule und deftiges Heidjer Knipp, aber auch herrliche Fischgerichte.

€€€€ / €€€ Niemeyers Posthotel, Hauptstraße 7, 29328 Faßberg-Müden, Tel. 05053 98 90 0, www.niemeyers-posthotel.de

10 Holdenstedter Hof

Etwas südlich von Uelzen wird klassische gutbürgerliche Regionalküche wie Rehrücken mit Semmelklößen serviert, aber durchaus auch international Angehauchtes wie Garnelen-Tempura mit Kürbis-Chutney. Im Angebot ist stets auch ein vegetarisches und ein veganes Hauptgericht.

€€€€ / €€ Holdenstedter Hof, Holdenstedter Straße 64, 29525 Uelzen, Tel. 0581 97 63 70, www.holdenstedterhof.de

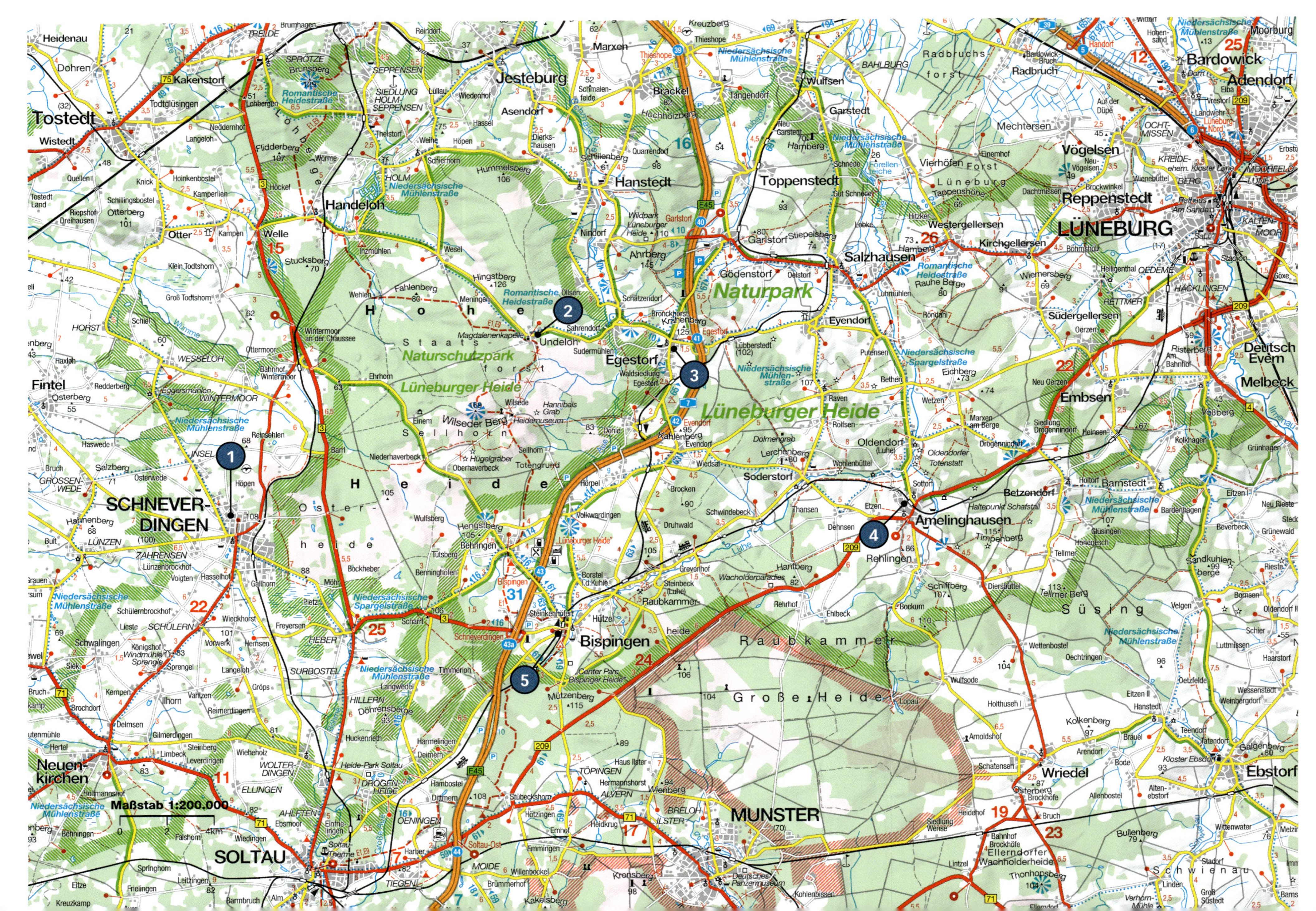

Tostedt
Jesteburg
Handeloh
Hanstedt
Toppenstedt
Salzhausen
LÜNEBURG
Reppenstedt
Vögelsen
Bardowick
Adendorf
Deutsch Evern
Melbeck
Embsen
Egestorf
Undeloh
Naturpark
Lüneburger Heide
Naturschutzpark
Lüneburger Heide
Wilseder Berg
Amelinghausen
Soderstorf
SCHNEVER-DINGEN
Bispingen
MUNSTER
Wriedel
Ebstorf
SOLTAU
Neuen-kirchen
Fintel
Maßstab 1:200.000

NATURERLEBNIS UND SPEKTAKEL

Bereits seit 1921 Naturschutzgebiet, ist die Gegend um den Wilseder Berg immer noch erste Wahl für alle, die aufgrund der Naturschönheiten die Lüneburger Heide besuchen. Doch nicht allzu weit von Totengrund und Steingrund entfernt, in Bispingen, tobt das moderne Tourismus-Geschäft – mit Kart-Bahn, Skihalle und Center Parc.

1 Schneverdingen

Der Urlaubsort ist ein idealer Ausgangspunkt für Exkursionen in den Naturpark Lüneburger Heide. Entsprechend trubelig geht es in der Saison in der einst als bäuerlicher Heideort entstandenen Kleinstadt (19 000 Einw.) zu.

SEHENSWERT
Hauptattraktion ist der Höpen, der Schneverdinger „Hausberg", von dessen Gipfel (119 m) man hinüber zum Wilseder Berg blickt. In dem inoffiziellen Kurpark befindet sich der **Heidegarten,** in dem 190 Heidesorten wachsen und mehr als 200 000 Pflanzen gedeihen.
Die **Eine-Welt-Kirche** ist das jüngste – und ungewöhnlichste – Gotteshaus in der Lüneburger Heide. 1999 im Rahmen der Weltausstellung 2000 errichtet, ist der Eine-Erde-Altar das Kernstück der Kirche. In ihm werden Erdproben aus aller Welt präsentiert, Symbol für die gemeinsame Basis der Menschen weltweit.

MUSEUM
Das **Heimatmuseum De Theeshof** ermöglicht einen Einblick in die Lebens- und Arbeitswelt der Heidebauern früherer Zeiten (Heimatbund Schneverdingen, Langelohsberg, Tel. 05193 21 99, www.heimatbund-schneverdingen.de; Mai–Okt. Do.–So. 15.00–18.00 Uhr).

VERANSTALTUNGEN
Neben Amelinghausen ist Schneverdingen der zweite Hauptort in der Region, in dem eine **Heidekönigin** gekrönt wird (Ende Aug. mit Umzug und Open-Air-Konzerten).

UMGEBUNG
Östl. liegt das rund 8000 Jahre alte **Pietzmoor** **TOPZIEL**. Ein ca. 5 km langer Rundwanderweg aus Bohlenstegen erschließt das Gebiet mit seiner speziellen Tier- und Pflanzenwelt. Das südl. gelegene **Neuenkirchen** (5500 Einw.) ist Luftkurort und „Schnuckendorf". Der Schäferhof (Falshorner Straße 79, www.schaeferhof-neuenkirchen.de; Mai–Okt. Di.–Sa. 17.00 bis 19.00 Uhr) zeigt sich als idyllisches Ensemble mit Ausstellungen rund um die Themen Heide und Heidschnucken.

INFORMATION
Schneverdingen Touristik, Rathauspassage 18, 29640 Schneverdingen, Tel. 05193 93 80 0, www.heidenlust.de

Schneverdingens Eine-Welt-Kirche mit ihrem Eine-Erde-Altar (links). Stefanie Kauschus beim Schnuckenscheren auf dem Neuenkirchener Schäferhof; die Wolle wird sogleich versponnen (rechts oben und unten).

2 Undeloh

Undeloh ist nicht nur dabei, sondern mittendrin im Urlaubserlebnis Lüneburger Heide. Während der Heideblüte platzt der Ort mit seinen zahlreichen touristischen Angeboten aus allen Nähten. Von hier aus fahren auch die meisten Kutschen zum Wilseder Berg.

SEHENSWERT
Die eher an ein Bauernhaus erinnernde **St.-Magdalenen-Kirche** **TOPZIEL** (1189) mit ihrem abseitsstehenden Glockenturm gilt als eine der schönsten Heidekirchen. Sie dient im Sommer als Konzertraum der Kammermusik-Reihe „Musik in alten Heidekirchen" (www.musik-in-alten-heidekirchen.de).

ERLEBNIS / MUSEUM
Im Heide-Erlebnis-Zentrum erfährt man anschaulich, wie die Heidelandschaft entstanden ist, bekommt Einblick in das Leben der Heidebauern, von „annodazumal" (Wilseder Straße 23, Tel. 04189 81 86 48, Mi.–So. 10.30–17.00 Uhr, www.verein-naturschutzpark.de/heide-erlebnis zentrum).

INFORMATION
Verkehrsverein Undeloh und Umgebung, Zur Dorfeiche 10, 21274 Undeloh, Tel. 04189 333, www.undeloh.de

3 Egestorf

Egestorf ist eng mit dem Namen Wilhelm Bode (1860–1927) verbunden. Der hier tätige Pastor kämpfte um den Erhalt der Naturflächen rund um seine Gemeinde. Seinem Engagement ist es zu verdanken, dass Teile der Lüneburger Heide unter Naturschutz gestellt wurden. Über den nach ihm benannten Wanderweg erreicht man den Wilseder Berg und den Totengrund.

SEHENSWERT
Mittelpunkt des Heideorts mit seinen reetgedeckten Bauernhäusern ist die **St.-Stephanus-Kirche** **TOPZIEL**, eine kleine Fachwerkkirche (1645) mit separatem hölzernem Glockenturm. Sehenswert im Inneren des Gotteshauses, in dem Pastor Bode einst predigte, sind in erster

Linie der Altaraufsatz und die Kanzel, jeweils aus dem 17. Jh. Den Platz vor der Kirche schmückt eine Büste des Heidepastors.

VERANSTALTUNGEN
Auch in der Egestorfer Kirche finden im Rahmen der Reihe „Musik in alten Heidekirchen" hörenswerte **Konzerte** statt (www.musik-in-alten-heidekirchen.de).

ERLEBNIS
Ein Badeerlebnis besonderer Art erlebt man im **Natur-Erlebnisbad Aquadies.** Das Wasser des Naturbads ist kristallklar und kommt ohne chemische Zusätze aus (Ahornweg, Tel. 04175 14 23, www.aquadies.de; Mitte Mai–Mitte Sept. tgl. 9.00–18.00 Uhr). Gleich um die Ecke liegt der **Barfußpark Lüneburger Heide** (Ahornweg 9, Tel. 04175 15 16, www.barfusspark-egestorf.de; Ende April–Ende Sept. tgl. 9.00 bis 17.00/18.00 Uhr).

INFORMATION
Tourismus-Information Egestorf, Dresslers Hus, Im Sande 1, 21272 Egestorf, Tel. 04175 15 16, www.egestorf.de/tourismus

4 Amelinghausen

Amelinghausen nennt sich selbst die „Krone der Heide". Das klingt ein bisschen wie Eigenlob, denn der von der Bundesstraße 209 durchschnittene Ort selbst ist nicht wirklich schön. Die royale Bezeichnung dürfte wohl eher daher kommen, dass hier seit nunmehr 70 Jahren eine Heidekönigin gewählt wird.
Nach dem immerhin bereits 1000-jährigen Hauptort (4000 Einw.) wurde auch die aus 21 Dörfern bestehende Samtgemeinde (8500 Einw.) benannt.

Tipp

Unterwegs ins Paradies

Das Marxener Paradies trägt seinen Namen nicht zu Unrecht. In dem tief eingeschnittenen Tal nordöstl. von Amelinghausen kann man mal so richtig abschalten und durchatmen. Vom Parkplatz Kronsbergheide braucht man rund eine dreiviertel Stunde ins Paradies, vom Parkplatz zwischen Marxen am Berge und Drögennindorf sind es nur ein paar Minuten.

AKTIVITÄT UND ERLEBEN
Im **Lopausee** lässt sich baden oder eine Tretboot-Tour (Tel. 04132 12 25) unternehmen; der See kann auf dem ausgeschilderten Rundweg umwandert werden (ca. 2 km). Unweit des Sees liegt die **Kronsbergheide,** durch die zwei Wanderwege führen, der „Königinnen-Weg" und der „Sagenhafter-Hünen-Weg". Alljährlich zum Auftakt des Heideblütenfests heißt es, „Der See brennt" – dann wird der Lopausee illuminiert.

Bispingener Attraktionen: Skihalle (links), Ralf Schumacher Kartcenter (rechts oben) und im Verrückten Haus (rechts unten).

VERANSTALTUNGEN
Angeblich aus einer Bierlaune heraus wählten die Mitglieder des Amelinghauser Männerchores im Sommer 1949 eine erste Heidekönigin. So entstand das **Heideblütenfest** inklusive der alljährlichen **Wahl der Heidekönigin**, das größte Volksfest der Region. Zzt. bekannteste Heidekönigin war die Schauspielerin Jenny Elvers (www.heidebluetenfest.com).

UMGEBUNG
Ein geradezu mystischer Ort ist die **Oldendorfer Totenstatt** (nördl.), eine Megalithanlage mit bis zu 4000 Jahre alten Grabhügeln. Das **Archäologische Museum Oldendorf/Luhe** präsentiert das bekannte Wissen dazu und bietet Führungen durch die Oldendorfer Totenstatt an (Amelinghausener Straße 16b, Oldendorf/Luhe, Tel. 04132 93 31 23, www.museum-oldendorf.de).

INFORMATION
Tourist-Information, Marktstraße 1,
21385 Amelinghausen,
Tel. 04132 92 09 43, www.amelinghausen.de

5 Bispingen

Bispingen war einmal ein kleiner Heideort, an dem sich Fuchs und Heidschnucke „Gute Nacht" sagten. Inzwischen ist es der am meisten frequentierte Urlaubsort in der Region. Das liegt vor allem an dem hier ansässigen Center Parc und an den weiteren Freizeit-Attraktionen, die sich rund um Bispingen angesiedelt haben: u. a. eine Skihalle, eine Kartbahn, ein auf dem Kopf stehendes Haus und ein verrückt-kitschiges Heidekastell.

SEHENSWERT
Aus dem alten Bispingen stammt die **Ole Kerk,** eine Feldsteinkirche aus dem 14. Jh., die in den 1970er-Jahren moderne Bleiglasfenster erhielt (Kirchweg 5; Ostern–Weihnachten tgl. 10.00–18.00 Uhr). Im **Verrückten Haus** steht die Welt Kopf; in dem um fast 180 Grad gedrehten Einfamilienhaus erlebt man alles aus der Handstandperspektive (Horstfeldweg 1, www.dasverruecktehaus-bispingen.de; tgl. 10.00–18.00, Nov.–Feb. bis 17.00, Juli/Aug. bis 18.30 Uhr).
Unterhalb der Skihalle befindet sich nach Angaben der Betreiber die **größte Modelleisenbahn der Welt** mit insgesamt 50 Themenwelten. Auf einer Fläche von 12 000 m² fahren 500 Modelleisenbahnen, insgesamt wurden 20 km Schienen verlegt.
Ein skurriles Wunderland in der Heide ist das **Heidekastell Iserhatsche** (Schulz-Ebsch-bach-Allee 1, Tel. 05194 12 06, www.iserhatsche.de; tgl. 10.00–16.00 Uhr, Führungen i. d. R. zu jeder vollen und halben Std.)

MUSEEN
Im **Heidemuseum Dat ole Hus** in Wilsede bekommt man einen guten Eindruck vom Leben der Heidebauern in früheren Zeiten (Wilsede 3, Tel. 04175 80 29 33; Mai–Okt. tgl. 10.00 bis 16.00 Uhr).

AKTIVITÄTEN
Nirgendwo sonst in der Region wird so viel **Action** geboten wie in Bispingen. In der **Skihalle** des Berg & Tal Abenteuerresorts (s. auch S. 23) heißt es fast 365 Tage im Jahr „Ski und

DIE HEIDEBLÜTE ALLEIN REICHT NICHT MEHR. NEUE ZUGPFERDE WIE FERIENPARKS UND ERLEBNISSTÄTTEN MUSSTEN ENTSTEHEN.

Rodel gut" (Horstfeldweg 9, Tel. 05194 43 11 0, www.abenteuer-resort.de; Mo.–Fr. 11.00–21.00, Sa. und So. 9.00–21.00 Uhr). Ex-Rennfahrer Ralf Schumacher betreibt das **Kartcenter** (s. auch S. 23; Horstfeldweg 5, Tel. 05194 98 20 50, www.rs-kartcenter.de; wechselnde Öffnungszeiten zw. 10.00 und 22.00 Uhr). Badespaß bietet der **Brunausee** mit Badebucht, Wanderwegen und Café-Restaurant in Bispingen-Behringen. Seinen Namen verdankt der Triebwagen seiner markanten Front: „Schweineschnäuzchen". Oder eben auch „Ameisenbär" wird der 1937 gebaute und einst in der DDR eingesetzte **Schienenbus „Wismar"** genannt. Inzwischen gibt es nur noch einige Sonderfahrten mit dem Ameisenbär. Dafür verkehrt im Sommer regelmäßig der Heide-Express zwischen Soltau und Lüneburg. Buchung über Soltau Touristik, Am Alten Stadtgraben 3, Soltau, Tel. 05191 82 82 82.

HOTELS

Der **€ € € Stimbekhof** in Oberhaverbeck mit seinem historischem Gebäudeensemble hat ein Hofcafé, in dem jeden Abend ein regional-saisonales Gericht kredenzt wird. Die individuell gestalteten Zimmer sind gemütlich und bieten höchsten Komfort (Oberhaverbeck 2, Tel. 05198 98 10 90, www.stimkehof.de).
Auf einem ehemaligen britischen Militärgelände etwas nördlich von Schneverdingen bietet das **€ € € Hotel Camp Reinsehlen** ein- oder zweistöckige Pavillons, die zum Teil an Lodges in Afrika erinnern (Camp Reinsehlen 1, Tel. 05198 98 30, www.campreinsehlen.de).

UMGEBUNG

Von Bispingen ist es nur ein Katzensprung bis in den Naturschutzpark und zu den Topzielen in der Lüneburger Heide, zum **Wilseder Berg** und zu den Heideflächen am **Steingrund** und am **Totengrund** TOPZIEL. Vom 169,2 m hohen Wilseder Berg blickt man bei klarer Sicht bis Hamburg. Der 30 ha große Talkessel Totengrund bietet natürlich den schönsten Anblick, wenn im Aug. die Heide blüht. Das Gebiet selbst darf nicht betreten werden, rundherum führt der Hermann-Löns-Weg, der zahlreiche schöne Aussichtspunkte bietet. Auch sonst bewegt man sich rund um den Wilseder Berg zu Fuß, mit der Kutsche oder mit dem Fahrrad. Ausgangspunkt für Wanderungen zum Wilseder Berg sind u. a. die beiden winzigen Dörfer **Nieder-** und **Oberhaverbeck.** In unmittelbarer Nähe zum Wildpark Lüneburger Heide bei Nindorf-Hanstedt kann man über den Bäumen spazieren gehen und einen Fernblick genießen, der bis zum Hamburger Hafen reicht. Höchster Punkt im „Heide-Himmel" ist der 45 m hohe Aussichtsturm (auch mit einem Aufzug erreichbar). Auf Infotafeln entlang des Baumwipfelpfads erfährt man Wissenswertes zum Wald (März–Okt. tgl. 8.00–19.00, Nov.–Febr. 9.30 bis 16.30 Uhr, Wildpark 1, 21271 Nindorf-Hanstedt, Tel. 04184 89 39 26, www.heide-himmel.de).

INFORMATION

Bispingen Touristik, Bahnhofstraße 19, 29646 Bispingen, Tel. 05194 987 96 90, www.bispingen.de

DURCH BLÜHENDE LANDSCHAFTEN

Ihr wissenschaftlicher Name lautet Calluna vulgaris, im Volksmund wird sie gern Erika genannt – was nicht ganz richtig ist. Denn genau genommen gehört die Calluna vulgaris alias Besenheide zur Ordnung bzw. zur Gattung der Heidekrautgewächse. Fast das ganze Jahr über fristet sie ein recht unscheinbares Dasein als immergrüner Zwergstrauch.

Doch zur Blütezeit erstrahlt sie in prächtigem Lila und ist letztendlich mitverantwortlich dafür, dass die Lüneburger Heide so beliebt als Ausflugsziel ist. Die blühenden Heideflächen rund um den Wilseder Berg sind am besten auf einer Wanderung zu erleben. Über eines sollte man sich im Klaren sein: Zur Heideblüte wandert man dort nicht allein, sondern mit Hunderten anderer Wandersleuten. Wer dem Trubel etwas entgehen will, bricht nicht in Undeloh, sondern z. B. in Döhle in Richtung Wilseder Berg auf.

Zu empfehlen sind die ausgeschilderten Rundwege im Naturschutzgebiet am Wilseder Berg, die teils recht kreative Namen tragen. Der kürzeste Rundwanderweg ist der „Für Gipfelstürmer", der am Ole Hus in Wilsede startet. Man muss aber bedenken, dass man von Undeloh aus beispielsweise erst einmal rund 4 km dorthin wandert – es sei denn, man nimmt die Kutsche. Der Weg O1 nennt sich „Nur Fliegen ist schöner", ist 13 km lang und startet am Parkplatz „Heide-Shuttle" in Oberhaverbeck. Der Wanderweg bietet tolle Fernblicke bis nach Hamburg. Vom selben Startpunkt aus führt der O2 („Weitblick-Zeitblick") – zum Teil auf gleicher Route wie der Herman-Löns-Weg – zum Stein- und zum Totengrund.

Die Heide blüht meist von Anf. Aug. bis Mitte Sept. In Zeiten des Klimawandels bzw. bei einem heißen Sommer kann sie eher beginnen. Das **Heideblüten-Barometer** unterrichtet über den aktuellen Stand (www.lueneburger-heide.de/natur/artikel/3452/heideblueten-barometer-wann-blueht-die-heide.html).

Informationen zu den Rundwanderwegen findet man u.a. auf Bispingens Internetseite www.bispingen-touristik.de, Wanderkarten und Pläne gibt es auch bei der Tourist-Information von Undeloh.

LA TAVERNA
Ristorante Italiano
Ristorante · Pizzeria

Lüneburg / Nordheide

*

DAS SALZ EINER HEIDEREISE

*

Lüneburgs Schönheit ist dem Reichtum geschuldet, zu dem die Stadt durch den Salzabbau kam, und der Tatsache, dass die Hansestadt von Bombardierungen verschont blieb. Stintmarkt, Alter Kran, Rathaus und Salzmuseum locken Tausende von Touristen an, die in der Nordheide auch sonst ein breites Urlaubsangebot vorfinden.

Heute konzentriert sich das Lüneburger Nachtleben in der Altstadt vor und hinter den vielen wunderschönen historischen Fassaden.

An Lüneburgs früherem Flusshafen: Vom Stintmarkt geht der Blick hinüber zum Alten Kran und zum Ilmenauwehr mit der Abtsmühle, die ihren Namen der einstigen Zugehörigkeit zum ehemaligen Kloster St. Michael verdankt.

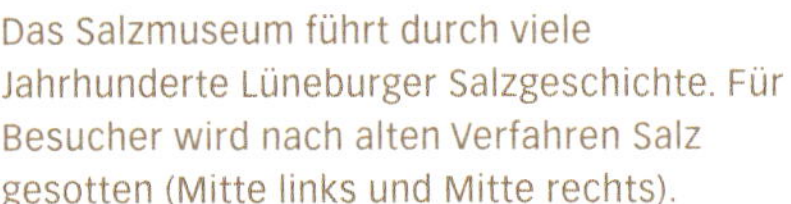

Das Salzmuseum führt durch viele Jahrhunderte Lüneburger Salzgeschichte. Für Besucher wird nach alten Verfahren Salz gesotten (Mitte links und Mitte rechts).

Nicht nur im Wasserviertel wird die Nacht zum Tag: Bar „Sa Bacca" in einem alten Kellergewölbe am Markt.

Gesäumt von Fassaden aus dem Spätmittelalter bis zur Neuzeit, führt die einstige Bäckereigasse An den Brodbänken zum Marktplatz mit dem Rathaus.

Bisweilen muss man großen deutschen Dichtern auch mal widersprechen. Heinrich Heine hatte nämlich einst einen Satz gesagt, den man auf keinen Fall stehen lassen kann: „Würde die Langeweile einen Geburtsort haben, dann wäre es Lüneburg“, so Heine, dessen Eltern am Ochsenmarkt wohnten. Der junge Dichter vermisste in der hannoverschen Provinz seine „Makkaroni und seine Geistesspeise“, die er in der preußischen Hauptstadt Berlin vorgesetzt bekam. Gut, Lüneburg konnte und kann wohl nicht mit Berlin mithalten. Aber Lüneburg ist mit Sicherheit eine der schönsten, interessantesten und lebendigsten Städte Norddeutschlands.

REICH DURCH „WEISSES GOLD“

Es ist nicht immer so, dass Reichtum schön macht. Aber im Fall von Lüneburg trifft das zu. Zu Wohlstand kam die Stadt bereits im frühen Mittelalter, genauer gesagt ab dem Jahr 980. Denn Lüneburg und somit auch seine Blüte waren auf Salz gebaut. Man kommt nicht umhin, die Legende zu erzählen, nach der man hier auf die Sole aufmerksam wurde. Anders ausgedrückt: Die Lüneburger haben „Schwein gehabt“, wenn man der Darstellung Glauben schenkt. Als Jäger eine Wildsau erlegten, bemerkten sie eine weiße Kruste auf den Borsten des Tieres; das Wildschwein hatte sich in einer Solequelle gesuhlt. Flugs gruben die Ur-Lüneburger dort, wo sie das Tier entdeckt hatten und wurden fündig. In der Alten Kanzlei im Rathaus befindet sich deshalb immer noch ein kleiner Schrein, in dem angeblich die Originalknochen dieser Wildsau ausgestellt sind.

Gesichert ist, dass die Lüneburger bereits vor über 1000 Jahren Salz abbauten. Ab dem 13. Jahrhundert gruben sie Stollen in die Erde, leiteten sie die unterirdischen Schätze in einen Solebrunnen, förderten das lukrative Nass an die Erdoberfläche und siedeten dort schließlich das Salz. In ungefähr 40 Metern Tiefe beginnt der Salzstock und reicht weitere 4000 Meter hinab. Es war eine Knochen-

Der Bau der Lüneburger Johanniskirche wurde bereits 1289 begonnen. Ihr Hauptaltar gilt als herausragendes Kunstwerk des 15. Jahrhunderts. Die Malereien schuf 1482 der Hamburger Hinrik Funhof.

DAS LÜNEBURGER RATHAUS VEREINT IN EINDRUCKSVOLLER WEISE MITTELALTERLICHE UND NEUZEITLICHE BAUWEISEN.

arbeit im Mittelalter, die Sole zu fördern, und bei all dem Reichtum vergisst man allzu leicht, dass es die sogenannten Sodeskumpane in der Saline nicht besonders gut hatten. Mindestens zwölf Stunden täglich mussten sie malochen, älter als 40 wurde kaum jemand von ihnen.

Reich wurden die sogenannten „Sülzbegüterten", die Eigentümer der Siedepfannen. Zunächst waren das der Adel und die Kirche, später die „Pfeffersäcke" der Hanse, der Lüneburg über Jahrhunderte angehörte. Eigentlich müsste man sie in Lüneburg „Salzsäcke" nennen. Salz wurde nicht umsonst Weißes Gold genannt. Denn bis ins 20. Jahrhundert stand Salz zum Konservieren von Lebensmitteln an erster Stelle. Bis zum Ende des 19. Jahrhunderts wurde das Salz über die Ilmenau Richtung Lübeck und Hamburg verschifft. Einer dieser alten Frachtkähne liegt – originalgetreu nachgebaut – am alten Lüneburger Hafen. Dort wo auch das Wahrzeichen der Stadt steht, der Alte Kran, mit dessen Hilfe das Salz auf die Schiffe geladen wurde.

„PRALÜNEN" MIT SALZGESCHMACK

Hier am Stint- und Fischmarkt ist heute das touristische Zentrum der altehrwürdigen Hansestadt. Mit dem Salzsieden war 1980 Schluss, die Saline war ihren Konkurrenten weiter südlich in Deutschland nicht mehr gewachsen. Das Salz spielt dennoch eine Rolle, nicht nur in den vielen kleinen Läden, wo es salzige Produkte zu kaufen gibt: vom schnöden Speisesalz über Salzlakritze bis hin zum Schokoladen-Trüffel „PraLüne" mit einem Hauch von Salzgeschmack.

Ansonsten dient das Salz heute überwiegend der Gesundheit. Das Gradierwerk war bereits im frühen 20. Jahrhundert Ziel von Menschen mit Atemwegsproblemen. Gespeist von der Solequelle tröpfelt hier salzhaltiges Wasser über Reisig. Feiner salzhaltiger Nebel sorgt für beinahe so gesunde Atemluft wie am Meer. Und Baden im Salzwasser kann man in den Solebecken der Salztherme SaLü, was bekanntlich der Haut gut tut.

Seit 1989 erinnert das Deutsche Salzmuseum auf dem Salinengelände an die 1000-jährige Geschichte der Salzgewinnung. Zu besichtigen sind unter anderem das 1924 errichtete Siedehaus, der ehemalige Salinenwall mit zwei Solebehältern und das Brunnenhaus. Besonders imposant ist der mehr als sechs Tonnen schwere und 200 Millionen Jahre alte Salzklotz, witzig ist die Sammlung der verschiedensten Salzstreuer, höchst interessant die Abteilung, die sich mit der Chemie der vielfältigen Salzkristalle beschäftigt.

Lüneburg hat im Zweiten Weltkrieg kaum Kriegsschäden zu verzeichnen gehabt. Dadurch blieb auch das Alte Rathaus original erhalten. Dessen Gerichtslaube ist eine besondere Kostbarkeit – mit Decken- und Wandmalereien teilweise aus dem späten 15. Jahrhundert, einem Boden aus dem 14. Jahrhundert und spätgotischen Fenstergläsern.

Seit 1720 demonstriert die barocke Rathausfassade das Selbstverständnis der wohlhabenden Stadt. Seit jeher belebt ein Wochenmarkt den Marktplatz davor – mittwochs und samstags.

Unverändert Sitz der Lüneburger Verwaltung, besteht das Lüneburger Rathaus aus diversen alten Gebäuden. Gern unterbrechen die Amtsgänger ihren Besuch im Hof, wo eine große Magnolie ihre Blütenpracht entfaltet.

Die Untere Ohlingerstraße in der westlichen Altstadt war bereits im 14. Jahrhundert dicht bebaut. Bis heute wird sie von spätmittelalterlichen Gebäuden gesäumt (rechts und Mitte links).

Den Johann-Sebastian-Bach-Platz im Schatten der vielbesuchten früheren, mittlerweile nahezu 650-jährigen Klosterkirche St. Michaelis haben sich mittlerweile viele Standorte von Lüneburgs Kreisverwaltung zu eigen gemacht.

Als Verbindung zwischen Saline und dem Handelsmittelpunkt Am Sande mit der Johanniskirche war die Heiliggeiststraße einst eine repräsentative Adresse – die vielen prächtig dekorierten Bürgerhäuser lassen diese Zeiten erahnen.

AN LÜNEBURG BEEINDRUCKT DIE AUSGEPRÄGTE ARCHITEKTONISCHE GESCHLOSSENHEIT.

HISTORISCH UND LEBENDIG

Die Altstadt blieb vom Bombenterror des Zweiten Weltkriegs fast komplett verschont. So auch das prächtige Rathaus, das größte mittelalterliche Norddeutschlands. Bereits in der ersten Hälfte des 13. Jahrhunderts errichtet, wurde der norddeutsche Backsteingotikbau im Verlauf der Jahrhunderte immer wieder erweitert und verändert und präsentiert sich seit 1720 zum Marktplatz hin mit einer barocken Fassade. Schmuckstücke sind die Gerichtslaube aus dem 14. Jahrhundert, der Fürstensaal und die große Ratsstube im Renaissancestil. Einst lagerte im Rathaus der reichen Salzstadt der größte Silberschatz Norddeutschlands. Wenn die 41 Glocken aus Meißener Porzellan im Rathausturm um 18.00 Uhr eine Melodie spielen, dürfte diese wohl allen bekannt vorkommen. Es ist „Der Mond ist aufgegangen", komponiert von Johann Abraham Peter Schulz, einem Sohn der Stadt. Ein anderer, weitaus berühmterer Komponist, lernte um 1700 in der hiesigen Michaeliskirche das Orgelspielen: Es war der junge Johann Sebastian Bach, weshalb man die wuchtigste der drei Lüneburger Hauptkirchen auch gern „Bachkirche des Nordens" nennt. Als Bach hier die Orgelpfeifen ertönen ließ, stand die Kirche noch halbwegs gerade. Auch sie sank später – wie viele andere Gebäude in Lüneburg – aufgrund des unterirdischen Salzabbaus ab und ist heute 70 Zentimeter aus dem Lot geraten. Auch der über 100 Meter hohe Turm der Johanniskirche, eines der wichtigsten Bauwerke norddeutscher Backsteingotik, ist ein wenig schief geraten, allerdings von Beginn an. Als der Baumeister dies einst bemerkte, soll er sich vor lauter Verzweiflung vom Kirchturm gestürzt haben – überlebte aber, weil er punktgenau in einem vorbeifahrenden Heuwagen landete.

Die Heuwagen und sonstigen Fuhrwerke parkten in früheren Zeiten auf dem Platz „Am Sande" in unmittelbarer Nähe zu St. Johannis. Die Giebelhäuser aus verschiedenen Jahrhunderten sind an dem lang gezogenen Platz zu finden. Im Sommer wähnt man sich nahezu in mediterranen Gefilden, so belebt ist die „Piazza", nur noch übertroffen von der Gastromeile am Stintmarkt. Überhaupt wirkt Lüneburg höchst lebendig – kein Wunder bei den vielen Studenten. In den 1990er-Jahren zogen die Soldaten aus der traditionellen Garnisonstadt weitgehend ab. Dort wo sie exerzierten, befindet sich heute ein Großteil des Universitätsgeländes. Und wenn die „Studis" der Leuphana-Universität gerade einmal nicht in Vorlesungen sitzen oder büffeln, dann bevölkern sie die Bars und Cafés

Die Wiedererrichtung des sogenannten Bardowicker Doms St. Peter und Paul zog sich bis ins 15. Jahrhundert hin. Zu den frühesten Bauteilen gehören die erstaunlich kurzen und massigen achteckigen Türme.

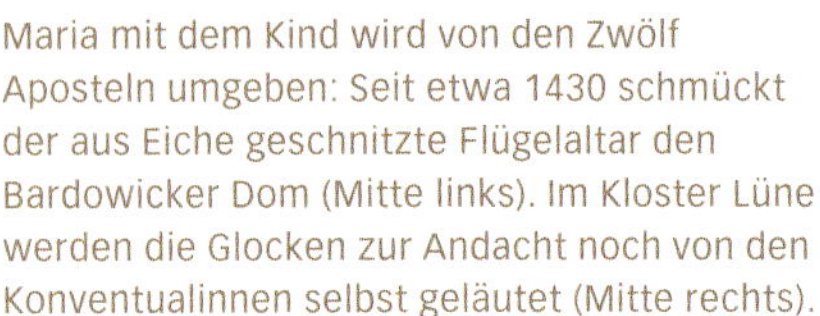

Maria mit dem Kind wird von den Zwölf Aposteln umgeben: Seit etwa 1430 schmückt der aus Eiche geschnitzte Flügelaltar den Bardowicker Dom (Mitte links). Im Kloster Lüne werden die Glocken zur Andacht noch von den Konventualinnen selbst geläutet (Mitte rechts).

Kloster Lüne besitzt eine bedeutende Sammlung sakraler Textilien aus sieben Jahrhunderten. Im Klostermuseum werden unter anderem eindrucksvolle farbige Bildteppiche aus der Zeit um 1500 gezeigt – gestickte Glaubensinhalte und Demonstration damaliger Frömmigkeit.

Kunststätte Bossard bei Jesteburg: Aus dem Wochenendsitz des Lehrers für Bildhauerei wurde mit den Jahren ein Gesamtkunstwerk – hier der zwischen 1926 und 1928 entstandene Hauptraum des »Kunsttempels«.

KLOSTER LÜNE UND KUNSTSTÄTTE BOSSARD SIND ZWEI DER KÜNSTLERISCHEN GLANZPUNKTE IN DER NÖRDLICHEN LÜNEBURGER HEIDE.

Lüneburgs – angeblich besitzt die Stadt an der Ilmenau die höchste Kneipendichte Deutschlands.

»BRUTKASTEN FÜR NEUE IDEEN«

Berlin, New York, Warschau, London – und Lüneburg. Alles Orte, an denen der Stararchitekt Daniel Libeskind seine Spuren hinterlassen hat. In Berlin hat er das Jüdische Museum geschaffen, in New York legte man seinen Entwurf zugrunde, um das neue World Trade Center zu bauen. In Lüneburg zeichnete Libeskind für den Zentralbau der Leuphana-Universität verantwortlich. Über nichts hat man in den vergangenen Jahren so viel und so lange gestritten. „Zu teuer", „braucht kein Mensch dieses Luftschloss", „passt dort nicht hin", „nichts als ein Denkmal für die Universitäts-Präsidenten", mahnten die Kritiker. In einem hatten sie recht: Der Preis schoss in die Höhe, von zunächst geplanten 57 Millionen auf über 90 Millionen Euro bei der Eröffnung im März 2017.

Lüneburgs Universität setzt in ihren vier Fakultäten für Bildung, Kultur, Wirtschaft und Nachhaltigkeit stark auf sozioökonomische Verantwortung und die Verzahnung von Wissenschaft und Praxis. So ist es durchaus sinnvoll, dieser besonderen Bildungseinrichtung auch ein besonderes Zentralgebäude zu gönnen. Niedersachsens Ministerpräsident

Nicht unumstritten, aber unzweifelhaft sehr eindrucksvoll: Libeskind-Gebäude auf dem Campus der Lüneburger Leuphana-Universität.

»DAS IST DAS ABGEFAHRENSTE UNIVERSITÄTSGEBÄUDE DEUTSCHLANDS.«

Schlagzeile der WELT zum Libeskind-Bau

Stephan Weil lobte es als ein „architektonisches Highlight", das den Idealen einer offenen Gesellschaft entspreche. Der Architekt selbst sieht darin einen „Brutkasten für neue Ideen, Innovation, Forschung und Entdeckung".

Fraglos, es ist ein typischer Libeskind-Entwurf, der da am Stadtrand Lüneburgs inmitten schlichter Backsteinbauten steht, die einst zu einem Kasernenareal gehörten. Es ist ein futuristischer Bau, der sich um keinerlei Konventionen und Regeln schert, keinerlei Rücksicht auf die Umgebung nimmt, ja, mit ihnen vielmehr in Kontrast steht. Als Überschrift könnte man gelten lassen: Geometrien gegen Konformität. Schön im herkömmlichen Sinne ist das Gebäude nicht: ein zackiges Wirrwarr mit einem Schuppenpanzer aus Titanzinkblech und asymmetrischen Fenstern, die stockwerksübergreifend hineingeschnitten wurden. Bei Sonneneinfall verdunkeln sich die mit Argon gefüllten Dreischeibenfenster von selbst, die Verkleidung sorgt für eine Eigenverschattung und somit für Kühlung. Die Bauarbeiten stockten nicht selten, weil das am Computer ersonnene Werk den Handwerkern und Architekten über den Kopf stieg. Modernste Technik sorgt für Energieeffizienz, die Universität nutzt das Libeskind-Auditorium als Audimax, Lüneburg als neue Stadt- und Konzerthalle.

Der Dekonstruktivist Daniel Libeskind sagte im Hinblick auf seine Arbeit – und das gilt für Lüneburg wie für New York: „Die Welt ändert sich (...) permanent, und diese Veränderung der Welt, diesen Aspekt muss man mit in die Arbeit aufnehmen. Man darf beim Bauen kein Märchen erzählen. Man muss die Welt widerspiegeln, wie sie ist, und die Realität der Welt ist nun einmal radikal. Und das Gebäude muss diese Wahrheit widerspiegeln."

KIRCHEN, KUNST UND TECHNIK

Die Wahrheit ist auch, dass die Landschaft in unmittelbarer Nähe Lüneburgs nicht mit solcher Schönheit gesegnet ist wie beispielsweise die Gegend um den Wilseder Berg. Zu sehen und zu erleben gibt es dennoch eine Menge. Technikbegeisterte zieht es nach Scharnebeck zum Schiffshebewerk, genauer gesagt zum „Doppel-Senkrecht-Schiffshebewerk", dem größten seiner Art, als es gebaut und 1976 in Betrieb genommen wurde. Die beiden riesigen Wassertröge heben jedes Jahr mehr als 20000 Schiffe und Boote und überwinden dabei einen Höhenunterschied von 38 Metern. Nur um sich die Dimensionen einmal vorzustellen: Jeder der beiden Tröge wiegt knapp 6000 Tonnen, so viel wie rund 4000 Pkw.

Luhmühlens Aufstieg zum Austragungsort eines international bedeutenden Reitturniers begann nach dem Zweiten Weltkrieg. Seine Vielseitigkeitsprüfung gehört zu den fünf wichtigsten der Nordhalbkugel.

Ausgelassene Stimmung bei Musikevents, wie beim „Lüneburger Kultursommer", und anderen Großereignissen in der Lüneburger Heide (links oben und unten rechts). Freundliche Stadtwache beim Festival „Die Alte Handwerkerstraße" am ersten Septemberwochenende in den Gassen von Lüneburg (links unten).

Mit dem im Vergleich fliegenleichten eigenen Pkw ist es nicht weit bis nach Bardowick, dessen erstes Gotteshaus wohl schon von Karl dem Großen gegründet wurde. An selber Stelle steht heute der Dom St. Peter und Paul, der diesen Titel eigentlich nicht tragen dürfte – war Bardowick doch wohl nie Bischofssitz. 1189 jedenfalls zerstörte Heinrich der Löwe die Kirche, ließ Geschichtsschreibern zufolge aber zumindest den romanischen Westteil wieder aufbauen. Dies ist bis heute der älteste erhaltene Teil, denn nachdem das Gotteshaus bei einem Brand 1371 erneut weitgehend zerstört wurde, baute man im Lauf des 15. Jahrhunderts eine neue dreischiffige gotische Hallenkirche, bei der man sich an Lüneburger Kirchen orientierte.

Noch eine gute halbe Autostunde weiter, nunmehr in westlicher Richtung, finden Kunstliebhaber bei Jesteburg mit der Kunststätte Bossard eine „kunsthistorische Rarität ersten Ranges", wie sich die heutige Leiterin, Gudula Mayr, ausdrückt. Zwischen 1911 und 1950 schufen der Schweizer Johann Michael Bossard und seine Frau Jutta ein einzigartiges Gesamtkunstwerk. Neben dem Wohn- und Atelierhaus ist auch der 1926 errichtete Kunsttempel zu besichtigen, der im Stil des Backsteinexpressionismus daherkommt. Zu sehen sind neben der außergewöhnlichen Architektur Werke aus

BOSSARD, EIN GESAMTKUNSTWERK AUS WOHNEN, ATELIER, KUNSTTEMPEL UND GARTEN.

Malerei, Grafik und Bildhauerei. Die Bossards versuchten zeitlebens eine Einheit von Kunst und Leben zu realisieren. Die Erschaffer dieser verwunschenen Kunststätte sind längst verstorben, der besondere Geist der beiden umweht aber bis heute den Ort, der 2018 als „national wertvolles Kulturdenkmal" gewürdigt wurde.

Führungen im Wildpark Lüneburger Heide: „Faszination Wolf" (oben), „Mein Lieblingstier" mit Waschbären (unten). Greifvogelshow im Wildpark Schwarze Berge (Mitte).

Das Freilichtmuseum am Kiekeberg bietet beste Voraussetzungen für „gelebte Geschichte" (unten); an diesen „Museumstagen" lässt sich miterleben, wie das Dasein auf einem Bauernhof der Lüneburger Heide 1804 und 1904 ausgesehen hat – auch in Pringens Hof, ursprünglich 1797 bei Tostedt als Bauernhaus eines Heidekleinbauern errichtet (oben).

Soap-Tourismus

HERZERWÄRMENDE WERBUNG

Seit 2006 wird in der ARD von montags bis freitags jeden Mittag um 14.10 Uhr die Telenovela „Rote Rosen“ ausgestrahlt. Gedreht wird die Seifenoper von Anfang an in Lüneburgs historischer Altstadt. Wenn man so will, ist sie eine Dauerwerbesendung für die Salzstadt.

Telenovela „Rote Rosen“: Außendreh auf dem Marktplatz vor dem Alten Rathaus.

Bis zu zwei Millionen Fernsehzuschauer lassen sich tagtäglich von den Intrigen, den Liebschaften und Eifersüchteleien der Daily Soap „Rote Rosen“ faszinieren. Es ist nicht davon auszugehen, dass alle Zuschauer irgendwann nach Lüneburg kommen werden. Aber fest steht: „Rote Rosen“ lockt eindeutig mehr Touristen nach Lüneburg. „Eine bessere Werbung können wir uns nicht vorstellen. Seitdem die Serie läuft, hat Lüneburg merklich an Wirtschaftskraft zugenommen“, erklärte einst der langjährige Oberbürgermeister Ulrich Mädge.

ROTE ROSEN ZIEHEN AN

Viele Touristen kommen tatsächlich nicht mehr in erster Linie wegen des Deutschen Salzmuseums oder den kulturhistorisch bedeutenden Bauwerken in der Altstadt – sie kommen als Fans der Serie. Soap-Tourismus nennt man das wohl. Und inzwischen hat die Stadt sich komplett auf den Hype um die Telenova eingestellt. Stadtführungen zum Thema sind längst im Programm. Es geht so weit, dass die Stadtrundgänge durch die Heiligengeiststraße führen, in der Wohnungen für die Darsteller angemietet wurden. Dann stehen „Rote Rosen“-Fans vor den Häuserfronten und knipsen diese, nur weil sich dahinter vielleicht Anja Franke alias Merle Vanlohen gerade die Zähne putzt oder Hakim-Michael Meziani alias Ben Berger sich gerade die Haare kämmt. Sind die Führungen ausgebucht, kann man sich aber auch allein auf die Spuren der Telenovela begeben; mit einem „Rote Rosen“-Stadtplan, auf dem insgesamt 30 Drehorte vermerkt sind. Man erkennt sie in der Stadt am Symbol einer, na, was wohl …

Der aus der Serie als Herr Peters bekannte Kutscher bietet Kutschfahrten durch die Stadt an, und für beinharte Anhänger geht es sogar hinaus auf das Gut Flickenschild – das in Wahrheit ein Hof in Neetze ist. Die Tourist-Information bietet zudem alles, was ein „Rote Rosen“-Liebhaber braucht oder eben auch nicht braucht: „Rote Rosen“-Badesalz, „Rote Rosen“-Bettwäsche, „Rote Rosen“-Tee, „Rote Rosen“-Lippenpflege – und reichlich gerahmte Starporträts der Darsteller.

„Rote Rosen"-Fahrt mit Michaela Schütze des Kutschunternehmens Andreas Gensch: Zwischenstopp auf dem Marktplatz vor dem Alten Rathaus.

Telenovela „Rote Rosen“: Beim „Rote Rosen“-Fantag auf dem Lüneburger Studiogelände gibt es Selfies mit und Autogramme von den Darstellern – hier mit dem Schauspieler Hakim-Michael Meziani alias Ben Berger.

Mit jeder Staffel wechselte in der Seifenoper die Hauptdarstellerin, eine meist attraktive Frau über 40. Eine Frau, die im Leben steht oder die das Leben so richtig durch die Mangel gedreht hat. Am besten beides. Und manchmal sind es auch zwei Hauptdarstellerinnen, die um einen Mann kämpfen. Der Wechsel der Protagonisten bedeutet, dass die Zuschauer immer wieder mit neuen Handlungssträngen, neuen Intrigen, neuen Lieb- und Feindschaften rechnen können. Doch selbst bei einer Staffel gilt: Wer den Anfang verpasst hat, hat es ziemlich schwer durchzusteigen bei all den Verwicklungen. Von Angela Roy in der ersten Staffel im Jahr 2006 über Isabell Varell, Sandra Speichert und Gerit Kling bis hin zu aktuell Sandra Masuch prägten zahlreiche Hauptdarstellerinnen die Kult-Serie. Und die Fans können trefflich darüber streiten und entscheiden, wer von den Protagonistinnen bisher die Schönste oder die Liebenswerteste war.

RECHTZEITIG ZUM DREH VOR ORT

Drehort ist in der Stadt unter anderem das altehrwürdige „Hotel Bergström“ an der Ilmenau, in der Serie das „Hotel Drei Könige“. Fans der Serie wissen Bescheid und buchen einen Aufenthalt, wenn gedreht wird. Die Lüneburger hingegen wissen: Wenn die mobilen Parkverbotsschilder am Stint- und am Fischmarkt aufgestellt werden, dann fällt die Klappe für neue Aufnahmen. Für die Lüneburger sind die Dreharbeiten längst Alltag geworden.

Die Soap-Touristen sind auf ihren „Rote Rosen“-Touren hin und wieder ein wenig verwundert oder sogar ein bisschen enttäuscht. Verwundert, wenn sich die Apotheke aus der Serie in der Realität als Ratsbücherei entpuppt. Enttäuscht, wenn die „Serien-Junkies“ feststellen, dass es in Wirklichkeit weder den Salzmarkt noch die Sülfmeistergasse gibt. Dortige Szenen wie auch die Innenaufnahmen werden im Studio realisiert, etwas außerhalb der Altstadt.

Bis zu 200 Mitarbeiter werkeln unter Federführung des NDR in der kleinen Lüneburger Traumfabrik daran, Herzschmerz zu produzieren. Das tägliche Pensum ist durchaus beeindruckend: eine knapp 50-minütige Sendung muss fertig werden. Ein gutes Dutzend Drehbuchautoren schreibt in den Studios selbst an neuen Storys, noch einmal doppelt so viele allerdings liefern von außerhalb zu.

NOCH IMMER EIN SERIEN-DAUERBRENNER

Die Quote der Daily Soap stimmt unverändert. Jedes Jahr gibt es einen „Rote Rosen“-Fantag, der Einfachheit halber mit dem Lüneburger Stadtfest zusammengelegt. Die Fans reisen aus ganz Deutschland an, aus der Schweiz, aber auch aus Österreich und Italien, wo man die Sendung ebenfalls verfolgen kann.

Fast alle der Soap-Touristen sind begeistert von dem besonderen Flair der alten Hansestadt Lüneburg. Aber die meisten gestehen auch, dass sie Lüneburg ohne die Serie kaum als Reiseziel gewählt hätten.

Informationen

Informationen und Führungen über die Tourist-Information von Lüneburg Marketing, Rathaus, Am Markt, 21335 Lüneburg, Tel. 0800 220 50 05, www.lueneburg.info/de/rote-rosen

Kutschfahrten von Andreas Gensch, Am Bahndamm 15, 21358 Mechtersen, Tel. 04178 85 42, mobil 0172 429 04 02, www.erlebnis-kutschfahrten.de

Telenovela „Rote Rosen“: So nahe kommt man seinen Idolen auf dem Lüneburger Studiogelände nur beim „Rote Rosen“-Fantag

HAMBURG
STADE
WEDEL
Barsbüttel
Glinde
REINBEK
Schwarzenbek
GEESTHACHT
Lauenburg/Elbe
Jork
BUXTEHUDE
Neu Wulmstorf
Harburger Berge
SEEVE-TAL
WINSEN (LUHE)
Bardowick
LÜNEBURG
Reppenstedt
Adendorf
BUCHHOLZ I.D.NORDHEIDE
Jesteburg
Hollenstedt
Tostedt
Naturpark
Lüneburger Heide
Wilseder Berg
Naturschutzgebiet
Schneverdingen
Bispingen
Amelinghausen
Bad Bevensen
Scheeßel
Harsefeld
Maßstab 1:300.000
0 3 6km

HIGHLIGHT IM NORDEN

Höhepunkt einer jeden Reise in die Lüneburger Heide ist der Besuch der namengebenden Hansestadt. Einst zu Reichtum gekommen durch das Salz, präsentiert sich die Stadt in der Nordheide heute in hübschem historischen Gewand, gleichzeitig als lebendige Studentenstadt mit der höchsten Kneipendichte Deutschlands.

1 Lüneburg

Der bereits vorgeschichtliche Siedlungsplatz, Namensgeber für die umgebende Heidelandschaft, ist zwar nicht geografischer Mittelpunkt der Lüneburger Heide, aber eindeutig das kulturelle und wirtschaftliche Zentrum der Region. Und mit ihrer historischen Altstadt ist Lüneburg (75 000 Einw.) zudem eine der schönsten Städte in ganz Norddeutschland. Zu Reichtum kam die Stadt (Stadtrecht 12. Jh.) an der Ilmenau einst durch den Abbau von Salz; auch die erste schriftliche Erwähnung der Siedlung 956 hat mit dem Handel des „Weißen Golds" zu tun, erst 1980 wurden die letzten Produktionsstätten geschlossen. Lange einer der größten Bundeswehrstandorte, ist Lüneburg heute eine bunte, lebendige und gleichzeitig gemütliche Studentenstadt.

SEHENSWERT

Eines der Wahrzeichen Lüneburgs ist der **Alte Kran** (1797) am früheren Hafen, der einst u. a. dazu diente, das Salz auf die Schiffe zu laden. Am **Stintmarkt** **TOPZIEL** gegenüber mit seinen reizvollen Giebelhäusern findet man zahlreiche Cafés, Kneipen und Restaurants. **Am Sande** **TOPZIEL** ist der schönste Platz Lüneburgs, auf dem im Mittelalter reger Fernhandel getrieben wurde. Die lang gezogene „Piazza" zieren Kaufmannshäuser aus vielen Jahrhunderten. Ältestes ist das mit der Nr. 53 (um 1400) an der Nordseite, prächtigstes ist der **Schütting** (1548; Industrie- und Handelskammer) am westl. Ende. Ihm schräg gegenüber ragt der Turm der gotischen Hallenkirche **St. Johannis** mehr als 100 m in den Himmel; die Kirche ist eines der bedeutendsten Bauwerke norddeutscher Backsteingotik (14. und 15. Jh.; tgl. 11.00–17.00 Uhr). Nebenan steht der 56 m hohe **Wasserturm** (1907), von dem aus man einen herrlichen Ausblick genießt (Am Wasserturm 1, Tel. 04131 789 59 20, www.wasserturm.net; tgl. 10.00–18.00 Uhr).

Weiterer Höhepunkt ist das **Alte Rathaus,** ein architektonischer Stilmix aus mehreren Jahrhunderten; urspr. im 13. Jh. erbaut, ist die markante zum Markt gewandte Barockfassade (1720) das beliebteste Fotomotiv (Am Markt 1, Im Rahmen einer 60-minütigen Führung von April bis Dez. zu besichtigen. Buchung über die Lüneburg Marketing GmbH, www.lueneburg.info, Tel. 04131 207 66 20).

Zwei weitere sehenswerte Kirchen sind **St. Michaelis** am Johann-Sebastian-Bach-Platz (14., 15. und 18 Jh.; Di.–Sa. 10.00–16.00 und So. 15.00–18.00 Uhr geöffnet, Sa. um 14.00 Uhr Führungen) und **St. Nikolai** in der Lüner Straße, einst Gotteshaus der Schiffer und Fischer. (15. und 19. Jh.; Di.–Fr. 10.00–12.00 Uhr). Jüngstes architektonisches Highlight Lüneburgs ist das Zentralgebäude der **Leuphana Universität**, entworfen vom Stararchitekten Daniel Libeskind und 2017 eröffnet.

Etwas nördl. der Altstadt steht das **Kloster Lüne,** ein ehemaliges Benediktinerkloster (urspr. 1172) und heutiges ev. Damenstift, das nach einem Brand Ende des 14. Jh. im gotischen Stil wieder aufgebaut wurde; es ist bekannt für seine mittelalterlichen Teppiche und Stickereien (Am Domänenhof, Tel. 04131 5 23 18, www.kloster-luene.de). Das Kloster ist nur im Rahmen von Führungen zu besichtigen (April bis Okt. Di.–So. 10.30, 14.30 [90 min] und 15.30 Uhr [60 min]; Wintersaison eine Führung tgl. um 14.30 Uhr; Mai–Okt. jeden 1. Sa im Monat zwischen 14.30 und 17.00 Uhr ohne Führung geöffnet). Das Museum für sakrale Textilkunst ist Di.-Sa. 14.30–17.00 Uhr geöffnet. Die frei zugänglichen Außenbereiche sind im Sommer tgl. von 10.00–19.00, in der Nebensaison bis 18.00 Uhr zugänglich.

Lüneburg: himmelstrebende Gotik der Johanniskirche (links) und Altstadtgasse Auf dem Meere (rechts oben). Kloster Lüne (rechts unten).

MUSEEN

Dass sich das **Deutsche Salzmuseum** **TOPZIEL** in Lüneburg befindet, erscheint nur logisch (Sülfmeisterstraße 1, Tel. 04131 720 65 13, www.salzmuseum.de, Di.–So. 10.00 bis 17.00 Uhr).

Das **Museum Lüneburg** beherbergt mehr als 1300 Exponate aus Naturkunde, Kulturgeschichte und Stadtarchäologie (Willy-Brandt-Straße 1, Tel. 04131 720 65 80, www.museumlueneburg.de; Di., Mi. und Fr. 11.00–18.00, Do. 11.00–20.00, Sa. und So. 10.00–18.00 Uhr).

Das **Ostpreußische Landesmuseum** widmet sich in erster Linie der Kunst und Kultur der heute zu Polen gehörenden Region (Heiligengeiststraße 38, Tel. 04131 75 99 50, www.ostpreussisches-landesmuseum.de; Di.–So. 10.00 bis 18.00 Uhr).

Im September 2022 eröffnete die **Kunstsammlung Henning J. Claassen** in der Hansestadt ihre Pforten. Die Sammlung umfasst rund 100 Werke von weltberühmten Künstlern wie Picasso, Gerhard Richter, Neo Rauch, Andy Warhol, David Hockney, Banksy und Sam Jinks und ist reich an unterschiedlichen Medien – von Fotografie über Zeichnungen, über signierte Drucke bis hin zu Malerei, Collagen und

Skulpturen (Do.–So. 11.00–18.00 Uhr, Sankt-Ursula-Weg 1, Tel 04131 226 00 60, www.kunstsammlung-henningclaassen.de).

Tipp

Heide-Express

Zwischen Lüneburg und Bleckede pendelt in den Sommermonaten der historische Heide-Express. Die Museumseisenbahn mit ihren teilweise mehr als 70 Jahre alten Lokomotiven und noch älteren Waggons hält in Erbstorf, Scharnebeck, Rullstorf, Boltersen und Neetze. Fahrräder werden kostenlos transportiert. Attraktionen sind die Mondscheinfahrten (inkl. Buffet).

INFORMATION
Arbeitsgemeinschaft Verkehrsfreunde Lüneburg e.V., Lüner Damm 26, 21337 Lüneburg, Tel. 04131 85 18 0, www.heide-express.de

HOTELS UND RESTAURANTS
Erstes Haus am Platz – und Drehort für die Soap „Rote Rosen" – ist das **€ € € / € € Hotel Bergström**, herrlich gelegen inmitten des Wasserviertels (Bei der Lüner Mühle, 21335 Lüneburg, Tel. 04131 30 80, www.dormero.de/bergstroem-hotel-lueneburg). Nomen est omen: Das **€ € € Hotel einzigartig** ist zumindest ein etwas anderes Domizil in einem mehr als 400 Jahre alten Gebäudeensemble an der Ilmenau (Lünetorstraße 3, 21335 Lüneburg, Tel. 04131 400 60 00, www.hoteleinzigartig.de). Das **€ € SahaRa** ist ein charmantes B & B in einem alten Fachwerkhaus am nördl. Rand der Innenstadt (Reitende-Diener-Straße 3, 21335 Lüneburg, Tel. 04131 400 50 99, www.sahara-bed-and-breakfast-lueneburg.de).
Am Stintmarkt bietet **€ € € Das Kleine Restaurant** norddeutsche Regionalküche, u. a. Labskaus (Am Stintmarkt 8, Tel. 04131 22 49 10, www.das-kleine-restaurant.de). Das **€ € € / € € Alte Brauhaus** (Grapengießerstraße 11, Tel. 04131 72 12 77, www.brauhaus-lueneburg.de) blickt auf über 500 Jahre Tradition zurück.

VERANSTALTUNGEN
Der **Lüneburger Kultursommer** ist eine Open-Air-Veranstaltungsreihe mit vielfältigem Programm im Juli und August. Das Fest **Alte Handwerkerstraße** Anf. Sept. zeigt, wie im 16. Jh. in Lüneburger Gassen gearbeitet wurde. Ende Sept./Anf. Okt begeht Lüneburg die **Sülfmeistertage;** das Volksfest mit Mittelaltermarkt und Umzug erinnert an den historischen Brauch zur Aufnahme neuer Sülfmeister (Besitzer von Salzsiedepfannen) in den Kreis der bestehenden Salzsieder.

ERLEBEN
Die ehem. Heeresbäckerei wurde zur **Kulturbäckerei** umgewidmet – u. a. mit Galerien und einer Kunstschule (Dorette-von-Stern-Straße 2, Tel. 04131 864 32 48, www.kulturbaeckerei-lueneburg.de).

UMGEBUNG
In **Salzhausen** (17 km westl.) lohnt die **Johanniskirche TOPZIEL** den Besuch; deren Inneres schmückt ein Chorraum aus dem 15. Jh. mit gotischem Kreuzrippengewölbe (Ostern–Okt. 10.00–12.00 und 15.00–17.00 Uhr). Das benachbarte **Luhmühlen** ist Hochburg der Vielseitigkeitsreiter (www.luhmuehlen.de). Im Juni Turnier im Vielseitigkeitsreiten.

INFORMATION
Tourist-Information Lüneburg, Rathaus/Am Markt, 21335 Lüneburg, Tel. 04131 207 66 20, www.lueneburg.info

2 Bardowick

Bardowick (7000 Einw.) war bis zu seiner Zerstörung durch Heinrich den Löwen 1189 einer der ältesten Handelsplätze in Norddeutschland und damit Vorgänger Lüneburgs.

SEHENSWERT
Streng genommen ist die **Dom** genannte dreischiffige gotische Hallenkirche keiner, war Bardowick doch nie Bischofssitz (tgl. 9.00 bis 16.00/1700 Uhr). Nach der Zerstörung 1189 geht das heutige Erscheinungsbild überwiegend auf die Zeit 1389–1485 zurück; bemerkenswert sind das bronzene Taufbecken (14. Jh.), der prächtige Marienaltar (15. Jh.) und das reich verzierte Chorgestühl, mit 54 Plätzen das größte Norddeutschlands (Ende des 15. Jh.). Herzstück des **Stifts St. Nikolai** ist die Backsteinkapelle (Mitte des 15. Jh.; Schwarzer Weg); das Gebäude dient als Gemeindebücherei.

UMGEBUNG
Rund 10 km östl. ist das **Schiffshebewerk Scharnebeck** zu besichtigen. 1974 in Betrieb genommen, ermöglicht es Schiffen des Elbeseitenkanals 38 m Höhenunterschied zu überwinden. Das Informationszentrum ist von Apr. bis Mitte Okt. tgl. von 10.00–18.00 Uhr geöffnet, die Besucherplattformen ganzjährig rund um die Uhr. Führungen bei Jörg Ahlfeld kann man unter der Telefonnummer 0151 22 66 33 03 buchen (Schiffsausflüge zum Hebewerk sind zu buchen unter: https://msaurora.de und www.personenschifffahrt-wilcke.de).

INFORMATION
Samtgemeinde Bardowick, Schulstraße 12, 21357 Bardowick, Tel. 04131 12 01 0, www.bardowick.de

3 Winsen/Luhe

Die von florierenden Gewerbegebieten umgebene Kreisstadt (35 000 Einw.) war einst ein wichtiger Binnenhafen. Das Städtchen ist ein guter Ausgangspunkt für Radtouren durch die Elbmarschen, im Febr. und März kommt hier der kleine Stint-Fisch auf den Tisch.

SEHENSWERT
Das **Wasserschloss** (Urspr. 13./14. Jh.) war immer Verwaltungssitz (heute Amtsgericht). Im Fachwerk-**Marstall** aus dem 16. Jh., residiert ein Heimatmuseum (Schlossplatz 11, Tel. 04171 34 19, www.museum-im-marstell.de, Di. bis So. 11.00–16.00 Uhr).

RESTAURANT
Das Restaurant **€ € € / € € Lieblingsplatz** in Seevetal liegt an einem Teich; zum Dinner am Abend auf der Terrasse geben die Frösche ein Konzert. Empfehlenswert sind die Fischgerichte (Moorstraße 41, Seevetal, Tel. 04105 67 69 66, www.restaurant-lieblingsplatz.de).

Winsens Museum im Marstall (links). Der „Kunsttempel" der Kunststätte Bossard (rechts oben). Schiffshebewerk Scharnebeck (rechts unten).

INFORMATION
Tourist-Information Winsener Elbmarsch, Schlossplatz 11, 21423 Winsen/Luhe, Tel. 04171 657281, www.winsener-elbmarsch.de

❹ Buchholz

Buchholz in der Nordheide (40 000 Einw.) ist die größte Stadt des Landkreises Harburg – das namengebende Harburg ist allerdings Teil von Hamburg. Rund herum liegen einige Ausflugsziele wie die Schwarzen Berge und die Kunststätte Bossard im benachbarten Jesteburg.

UMGEBUNG
An alte Zeiten erinnert südl. das Museumsdorf in **Seppensen** (Zum Mühlenteich, Tel. 04181 31734; April–Sept. So. 14.00–17.00 Uhr). Nebenan im Alaris-Schmetterlingspark flattern Hunderte von Schmetterlingen in tropischem Ambiente (Zum Mühlenteich 2, Tel. 04181 36481, www.schmetterlingspark-buchholz.de; April–Okt. tgl. 10.00–17.00 Uhr).
Das **Freilichtmuseum am Kiekeberg** (15 km nördl.) mit über 40 Gebäuden ist Ausflugsziel für die ganze Familie und dem bäuerlichen Leben von früher – vom 17. Jh. bis in die 1950er-Jahre – gewidmet. Im „Agrarium" wird die Entwicklung von Landwirtschaft und Lebensmittelproduktion seit der Industrialisierung erzählt. Im Sommer 2023 wurde am Kiekeberg das Projekt „Königsberger Straße" eröffnet. Anhand von konkreten Familiengeschichten werden in einem originalen Flüchtlingssiedlungshaus, einer Ladenzeile im typischen 1950er-Jahre-Ambiente und einer Tankstelle die Schicksale von Geflüchteten nach dem Zweiten Weltkrieg aufgezeigt (Am Kiekeberg 1, 21224 Rosengarten-Ehestorf, Tel. 040 790 17 60, www.kiekeberg-museum.de; Di.–Fr. 9.00–17.00, Sa. und So. 10.00–18.00 Uhr).
Der 50 ha große **Wildpark Schwarze Berge** ist nicht nur, aber besonders für Kinder ein Spaß (Am Wildpark 1, 21224 Rosengarten, Tel. 040 81 97 74 70, www.wildpark-schwarze-berge.de; April–Okt tgl. 8.00–18.00, sonst tgl. 9.00 bis 16.30 Uhr; mit Campingplatz).
Norddeutschlands einziges Filmmuseum befindet sich in einem Teil der ehem. Filmstudios in **Bendestorf;** im einstigen „Heide-Hollywood" präsentiert das Museum u. a. Filmtechnik der frühen Nachkriegsjahre sowie Original-Drehbücher und Autogramm-Bilder von Stars (Am Schierenberg 2, Tel. 04183 509367, www.film-bendestorf.de; So. 15.00–17.00 Uhr)
Am Ortsrand von **Jesteburg** hat das Ehepaar Bossard die **Kunststätte Bossard** geschaffen. Diese präsentiert Objekte aus Architektur, Bildhauerei, Malerei und Kunstgewerbe (Bossardweg 95, Jesteburg, Tel. 04183 5112, www.bossard.de; März–Okt. Di.–So. 11.00–18.00, sonst bis 16.00 Uhr).

INFORMATION
Tourist Information Buchholz, Adolfstr. 16, 21244 Buchholz i. d. Nordheide, Tel. 04181 9288117

AUF DEN SPUREN VON MEISTER ADEBAR

Sie thronen auf Dächern, Schornsteinen, Strommasten, Türmen und Baumwipfeln, sie staksen auf ihren langen Beinen durch die Elbtalauen, um Nahrung zu suchen, sie schweben majestätisch über Felder und Wiesen. Fast in jedem Dorf findet man während der Brutzeit mindestens ein Storchenpaar. Bis zu sechs Eier legt die Storchenmutter, nach gut vier Wochen schlüpfen die Storchenbabys, drei bis vier können es durchaus sein. Dass der Nachwuchs bereits auf der Welt ist, kann man übrigens am besten daran erkennen, dass die Storcheneltern überwiegend auf dem äußersten Rand des Nestes stehen.

Nirgendwo sonst in Deutschland versammeln sich zwischen April und August so viele Störche wie hier. Kein Wunder also, dass die Deutsche Storchenstraße durch das Biosphärenreservat Niedersächsische Elbtalaue und den Naturpark Elbhöhen-Wendland führt. An der Deutschen Storchenstraße sind überwiegend Weißstörche zu finden, also die Störche, die wir allgemein mit „Meister Adebar" oder auch dem „Klapperstorch" verbinden. Weißes Federkleid, schwarze Schwingen, die auf eine Spannweite von über zwei Meter kommen können, roter Schnabel und rote Füße. Weitaus seltener bekommt man den scheuen Verwandten, den Schwarzstorch, zu sehen.

Das Informationszentrum Biosphaerium Elbtalaue in Bleckede bietet sogar Livebilder vom Nest einer Storchenfamilie im Ort. Man kann die Deutsche Storchenstraße mit dem Auto abfahren (eine Landkarte kann man im Internet bestellen, www.deutsche-storchenstrasse.de), man kann die Störche vom Elberadweg aus beobachten oder eine geführte Radtour buchen, zum Beispiel die Tour de Storch mit der zertifizierten Natur- und Landschaftsführerin Sabine Wittkopf.

Buchbar bei Sabine Wittkopf (Tel. 038841 61377, sabinewittkopf@web.de) oder über das Haus des Gastes in Amt Neuhaus, Am Markt 4, 19273 Amt Neuhaus, Tel. 038841 6070, www.amt-neuhaus.de.

STONE
ROLLING STONES
THE ROLLING STONES

Wendland / Elbtalaue

*

RUHE IM »WILDEN OSTEN«

*

Die Elbtalauen sind bereits als Biosphärenreservat ausgezeichnet und im Wendland dürfen sie hoffen, dass ihre außergewöhnlichen Rundlingsdörfer als Weltkulturerbe anerkannt werden. Jahrzehntelang haben sie hier gegen das geplante Atommülllager in Gorleben demonstriert. Seit 2020 steht fest, dass Gorleben als Standort nicht mehr in Frage kommt.

Hier lebt es noch, das alternative Flair des früheren Wendlands: Ulrich Schröder in seinem Stones Fan Museum in Lüchow.

Die Kulturelle Landpartie, eine mehrtägige Kulturveranstaltung zwischen Himmelfahrt und Pfingsten, entstand 1989 im Umfeld des politischen Widerstands gegen das Atomlager Gorleben. Dann finden in gut 90 Dörfern Veranstaltungen statt – so auch in Küsten, wo Lou und Leni Huenges ihre Luftakrobatik darbieten (rechts). Lübeln gilt als Flaggschiff der wendländischen Rundlingsdörfer. Sein Freilichtmuseum zeigt Aspekte des vergangenen Landlebens – dazu gehört auch im Holzofen gebackenes Brot von Bäckermeister Heio Goertzen (Mitte).

Rundlingsdörfer sind eine Besonderheit des Wendlands. Noch sind 23 Rundlinge dokumentiert. Nicht immer blieb diese traditionelle Siedlungsstruktur so deutlich wie im Rundlingsdorf Mammoissel bei Luckau, wo zwölf Hofparzellen einen fast perfekten Kreis bilden.

Kunst und Kultur gehören rund ums Jahr einfach dazu im Wendland: Bauernhaus mit Kunstobjekten in Kröte bei Waddeweitz.

Schon wegen ihrer Lifekonzerte aus den Zeiten der Kulturellen Landpartie nicht mehr wegzudenken: „Mützingenta" in Mützingen.

»FAST ALLE WENDISCHEN DÖRFER SIND IN DIE RUNDE GEBAUT, UND GEHET EIN EINZIGER WEG HINEIN, DURCH WELCHEN MAN AUCH WIEDER HINAUS MUSS.«

unbekannter Reisender, um 1740

Mit einer Portion Humor und etwas Selbstironie nennt das Wendland sich selbst „Niedersachsens wilder Osten". Bis zur Wiedervereinigung war das Wendland Zonenrandgebiet. Und wenn man damals in der „alten" Bundesrepublik vom Zonenrandgebiet sprach, dann hatte das fast immer einen etwas mitleidigen Unterton. Denn dort – so das Vorurteil der restlichen „Wessis" – lebte es sich ein bisschen wie bei den Hinterwäldlern. Heute ist das Wendland quasi deckungsgleich mit dem in den 1950er-Jahren neu geschaffenen Landkreis Lüchow-Dannenberg, dem Landkreis mit der geringsten Bevölkerungsdichte in den alten Bundesländern. Still ist es dort und ursprünglich – und bisweilen war es auch wild, vor allem dann, wenn gegen das geplante Atommülllager in Gorleben demonstriert wurde. Viel Wald haben sie dort im Wendland, aber von hinterwäldlerisch kann keine Rede sein.

RÄTSEL UM DIE RUNDLINGE

Auf den ersten Blick ist das Wendland eine normale norddeutsche Landschaft – wären da nicht diese ganz speziellen Dörfer. Rundlingsdörfer oder auch Rundlinge werden die Siedlungen genannt; aus gutem Grund. Denn ob Mammoissel, Meuchefitz, Jabel, Thunpadel oder Lübeln – sie alle sind kreisrund angelegt. Zweihundert waren es einmal, deutlich weniger sind es noch – und unzählige Versuche, dem Rätsel ihrer außergewöhnlichen Beschaffenheit auf die Spur zu kommen. Einig sind sich die Historiker darin, dass die Dörfer wohl im 11. Jahrhundert von slawischen Siedlern, sogenannten Wenden, gegründet wurden. Auffällig ist, dass die Kirchen zumeist außerhalb stehen, was darauf hindeutet, dass die Gründer heidnischen Glaubens waren und erst später christianisiert wurden.

Die Giebelseiten der häufig verzierten, typischen niederdeutschen Hallenhäuser sind in Richtung eines zentralen Platzes ausgerichtet, zu erreichen ist dieser nur durch eine einzige Zufahrt. Aber warum? Wurde dort das Vieh gehalten, waren es Kultstätten oder wurden die runden Siedlungen als Wehrdörfer angelegt? Wie gesagt: Das Rätsel ist bislang ungelöst. Als gültige Formel kann man zusammenfassen, dass die Erbauer dieser Dörfer eine einheitliche, möglichst gleichberechtigte Gemeinschaftssiedlung erschaffen wollten. Wer mehr über die Rundlinge erfahren will, der sollte dem Museum im Wendlandhof zu Lübeln einen Besuch abstatten. Viele der Häuser, bisweilen ganze Dörfer stehen unter Denkmalschutz. Manche haben sich dem

Blick vom Weinberg auf die Altstadt Hitzackers auf einer Jeetzelinsel, bereits ab dem 12. Jahrhundert ein Handelszentrum am Elbstrom

– überwiegend sanften – Tourismus verschrieben, andere sind noch komplett bäuerlich geprägt, dort scheint die Zeit stillzustehen.

WEIN UND FACHWERK

Etwas weiter stromabwärts liegt Hitzacker eingerahmt auf einer Insel zwischen Jeetzel und Elbe. Wer mit der Fähre hinüber auf die andere Elbseite will, wird vom Fährmann von morgens bis abends mit „Moin" begrüßt. Die kopfsteingepflasterten Sträßchen werden von Backstein-Fachwerkhäusern gesäumt, niederdeutsche Lebensweisheiten sind über bisweilen bunten und verzierten Türen zu lesen. So weit so hübsch und norddeutsch. Doch Hitzacker ist gleichzeitig auch Hafen, Bergstädtchen und Weinort, der von einer Weinkönigin „regiert" wird.

Das Städtchen liegt zwischen Elbauen und Elbhöhen, den Ausläufern des Drawehn, eines reich bewaldeten Höhenzugs, der die Jeetzelniederung nach Westen hin begrenzt – entstanden aus Gletschermoränen der letzten Eiszeit, die vor etwa 10 000 Jahren in Norddeutschland diese „Berge" hinterlassen hat. Welfenfürst „Ernst der Bekenner" erwies sich bereits im Jahr 1521 auch als „Ernst der Genießer" und ließ hier auf den Hügeln oberhalb Hitzackers – Klötzie genannt – Wein anbauen. Im frühen

Special

Rüterberg

Eingesperrt in der Heimat

Rüterberg ist nicht rund, liegt nicht auf der linken Elbseite, ist zudem bei weitem nicht so bekannt wie die Museumsheimat Lübeln – und ist dennoch höchst bemerkenswert.

Bis zur Wiedervereinigung war die Elbe die Grenze zwischen der BRD und der DDR. Das rechtselbische Rüterberg war seit Mitte der 1960er-Jahre sogar vom Staatsgebiet der ehemaligen DDR isoliert, weil der Grenzverlauf hier nicht klar geregelt war. Nach Ansicht der DDR-Behörden verlief die Grenze in der Mitte des Flusses. Der Westen bestand darauf, erst das östliche Ufer sei die Grenzlinie. Nachdem bereits 1952 ein Zaun am Elbufer errichtet worden war, wurde schließlich 1967 rund um Rüterberg ein weiterer Zaun gezogen, der von Posten der DDR-Grenztruppen bewacht wurde.

Die Dorfbewohner durften ihre Heimat nur nach Vorlage eines Passierscheins verlassen. Wollten sie zum Einkaufen oder zum Fußballspiel, hieß es: „Ihre Dokumente zur Einreise." Wer zwischen 23.00 Uhr am Abend und 5.00 Uhr in der Frühe rein oder raus wollte, hatte Pech gehabt, während der Nachtstunden blieb das Dorf geschlossen. Und Besuch aus dem Arbeiter- und Bauernparadies durften die Rüterberger schon gar nicht empfangen, egal wann.

Am 8. November 1989 machten die Bewohner allerdings Geschichte, indem sie die „Dorfrepublik Rüterberg" ausriefen, eine Gemeinschaft, die fortan selbst verwaltet leben wollte. Am Tag darauf wurde in Berlin die Mauer geöffnet …

Heute ist von den ehemaligen Grenzsicherungsanlagen kaum etwas erhalten. Rüterberg ist ein kleines friedliches Dorf an der Elbe. An die unglaublichen Zustände erinnert allein der Befehlsturm der Grenztruppen, inzwischen efeubewachsen und zu einer Ferienwohnung umgebaut.

Fachwerk, Rosenbüsche und Kopfsteinpflaster: Hitzackers Altstadtinsel konnte sein traditionelles Ortsbild erhalten.

Seit 5000 Jahren wird im Raum Hitzacker gesiedelt. Das Archäologische Zentrum versucht mit experimenteller Archäologie uralte Zeiten zu rekonstruieren; auf seinen Veranstaltungen lassen sich diese nacherleben (links oben). Charakteristisch verzierte Haustür auf Hitzackers Altstadtinsel (links unten).

Bogenschießen im Archäologischen Zentrum Hitzackers: Beim Ferienkurs „Jagdfieber und Feuerteufel" lassen sich einst überlebenswichtige Fertigkeiten ausprobieren.

Im Wendland bedeuten Marktplätze immer noch auch Wochenmärkte: Das Lüchower Alte Rathaus am Markt, heute Hotel und Tourist-Information, wurde nach dem verheerenden Brand 1811 errichtet.

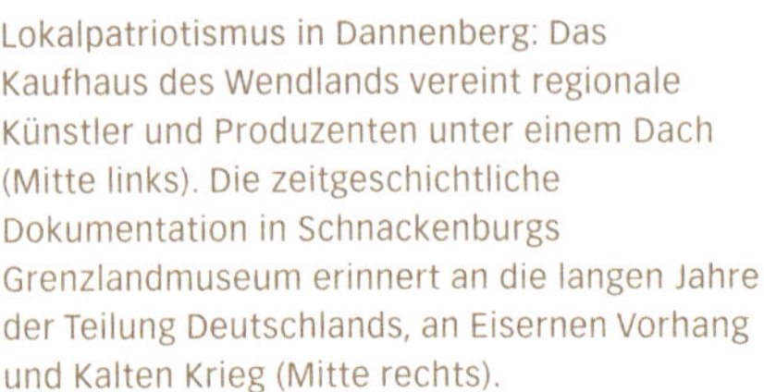

Lokalpatriotismus in Dannenberg: Das Kaufhaus des Wendlands vereint regionale Künstler und Produzenten unter einem Dach (Mitte links). Die zeitgeschichtliche Dokumentation in Schnackenburgs Grenzlandmuseum erinnert an die langen Jahre der Teilung Deutschlands, an Eisernen Vorhang und Kalten Krieg (Mitte rechts).

Vor oder nach dem Besuch des kleinen Dannenberger Heimatmuseums im Waldemarsturm lohnt ein Päuschen in der italienischen Eisdiele.

Wie Lüchow durchzieht auch Dannenberg eine Lange Straße, zentrale Achse der kleinen Stadt und immer noch gesäumt von schönen Fachwerkbauten.

18. Jahrhundert wurde die gesamte Ernte samt Rebstöcken im wahrsten Sinne des Wortes verhagelt. Im Jahr 1980 entschloss man sich, den Weinanbau wieder zu reaktivieren. Auf den 99 Reben wachsen die Trauben für das „Hidesaker Weinbergströpfchen" heran. Wahrlich kein großer, aber ein besonderer Tropfen. So wie eben Hitzacker ein besonderer Ort ist.

ZWISCHEN PROTEST UND HOFFNUNG

Der wohl berühmteste Ort der Region hat keinen Wein, weniger Fachwerk als Hitzacker und keine 1-A-Lage anzubieten. Aber Gorleben hat einen Salzstock, den die Bundesregierung in den späten 1970er-Jahren für geeignet hielt, als Lager für hochradioaktiven Müll zu dienen – zumal die dafür vorgesehenen Stollen sich, wie böse Zungen gern behaupteten, unter der Elbe hindurch weit unter das Arbeiter- und Bauernparadies auf der anderen Elbseite erstrecken sollten.

Doch diese Eignung wollte sich den Bewohnern des Wendlandes nicht erschließen. Gorleben wurde zum Symbol des Widerstandes gegen die Atompolitik in Deutschland. Atomkraftgegner riefen im Mai 1980 in Gorleben die „Freie Republik Wendland" aus – die wurde wenige Wochen später mit zum Teil brutaler Härte von der Polizei weggeräumt. Zur Überraschung vieler waren es keinesfalls nur „Chaoten" von außerhalb, die dort demonstrierten. Es waren vielmehr die Bauern aus dem Wendland auf ihren Traktoren, die zum Symbol des Widerstandes gegen eine „strahlende Zukunft" wurden.

Obwohl das Endlager längst noch nicht genehmigt war, machte die Atomwirtschaft Druck und begann 1982 mit dem Bau des Zwischenlagers Gorleben. Doch erst 1995, am „Tag X", rollten die ersten Castor-Behälter mit hochradioaktivem Material ins Zwischenlager – begleitet von Protesten und einem unvorstellbaren Polizeiaufgebot, das teilweise geradezu Besatzermentalität zeigte. Fünf Jahre später beschloss die damalige rot-grüne Bundesregierung erstmals den

Atomausstieg, ein Moratorium für Gorleben bis 2010 trat in Kraft, die Erkundung des Salzstocks wurde gestoppt, dann aber wieder aufgenommen. Ab 2013 suchte eine Endlager-Kommission deutschlandweit nach einem geeigneten Endlager. Gorleben zählte weiterhin zu den Kandidaten, wurde mit einer „Veränderungssperre“ versehen, was bedeutet, dass zunächst keine andere Nutzung des Salzstocks in Frage kam. Im Frühjahr 2017 wurde die Sperre aufgehoben, bis 2031 soll ein Standort festgelegt werden, der „die bestmögliche Sicherheit für einen Zeitraum von einer Million Jahren gewährleistet“. 2017 wurden die Erkundungen im Salzstock zu Gorleben endgültig eingestellt. Ende September 2020 gab die Bundesgesellschaft für Endlagerung schließlich bekannt, dass Gorleben nicht zu den 90 Gebieten zählt, die nach Einschätzung der Behörde günstige geologische Voraussetzungen für die sichere Endlagerung radioaktiver Abfälle besitzen. Die Begründung war genau die, die die Atomkraftgegner immer wieder angeführt hatten: Der Salzstock im Wendland sei instabil und liege in einer tektonischen Störungszone.

Der Widerstand hat das Wendland zu einem anderen Wendland gemacht. Es ist nicht so, dass Milchbauer Meyer mit den zugezogenen Protestlern im Mondlicht zu Goa-Klängen tanzt, es ist auch nicht so, dass die Alternativen Mitglied im Schützenverein werden. Aber man rückte zusammen. Vergleichsweise viele

ZUM URSTROMTAL DER ELBE GEHÖREN MITTLERWEILE WIEDER ALTARME UND BRACKWASSERBEREICHE.

Bauern stellten ihre Betriebe auf ökologische Landwirtschaft um, gemeinsam feiert man Feste wie die „Kulturelle Landpartie“, die weit über die Grenzen des Wendlands Bekanntheit erlangt hat und sich deutlich von üblichen Dorffesten abhebt. Hier im „wilden Osten“ Niedersachsens war schon vor der Wende etwas zusammengewachsen.

Bei Hochwasser wird das Elbtal zu einer amphibisch anmutenden Landschaft (oben).
Immer wieder sandige Buchten: Elbe zwischen Schnackenburg und Bleckede (unten).

Unverändert mit Kohle befeuert und unter Dampf vor Radegast: Der nach dem letzten deutschen Kaiser benannte und 1900 in Dresden gebaute Schaufelraddampfer „Kaiser Wilhelm" gehört zusammen mit dem sächsischen Raddampfer „Diesbar" zu den letzten seiner Bauart. Der Verein zur Förderung des Lauenburger Elbschiffahrtsmuseums führt mit ihm sommerliche Elbfahrten durch.

ZUR **SACHE**

Biosphärenreservat Niedersächsische Elbtalaue

ALLES IM FLUSS

In den Jahren der deutschen Teilung war die Elbe in erster Linie Grenzfluss und blieb weitgehend unangetastet. So wurden typische Fluss- und Auenstrukturen mit ihren naturnahen Lebensräumen eher zufällig erhalten. Inzwischen hat man längst erkannt, dass Flora und Fauna dieser Flusslandschaft besonders schützenswert sind.

Manchmal war es nach der „Wende“ tatsächlich so, wie der ehemalige Bundeskanzler Willy Brandt es beschrieben hatte: Dass nämlich zusammenwächst, was zusammengehört. 1990 bereits beschlossen die Alt-Bundesländer Niedersachsen und Schleswig-Holstein sowie die drei neuen Länder Sachsen-Anhalt, Mecklenburg-Vorpommern und Brandenburg, das Urstromtal der Elbe unter besonderen Schutz zu stellen. 1997 dann wurde das Gebiet von der UNESCO als „Biosphärenreservat Flusslandschaft Elbe“ anerkannt. Es erstreckt sich über eine Fläche von rund 2800 Quadratkilometern, über 400 Kilometer des gesamten Flussverlaufs und ist eines von 16 derartigen Reservaten in Deutschland. Ein Teil davon ist das „Biosphärenreservat Niedersächsische Elbtalaue“. Es reicht von Elbkilometer 472,5 bei Schnackenburg bis Elbkilometer 576 bei Lauenburg und ist 567,6 Quadratkilometer groß.

Diese einzigartige Flusslandschaft, umrahmt von den größten zusammenhängenden Auenwäldern Mitteleuropas, wurde von der Elbe immer wieder überschwemmt und geformt. Ausgedehnte sattgrüne Wiesenlandschaften findet man hier genau so vor wie sandige Uferabschnitte, steile Geestkanten wie bei Hitzacker, unzählige kleine Gewässer, feuchte Bruchwälder und schaurig-schöne Moorlandschaften.

Der Biberpfad durch die Seegeniederung zeigt, dass die großen Nager wieder an der Elbe heimisch sind (linke Seite und oben).

Die Elbtalauen sind Heimat für rund 150 Vogelarten, darunter nicht wenige gefährdete Arten wie der Seeadler; sie sind ein Paradies für brütende Störche und willkommener Rastplatz für Zugvögel. Die teilen sich die Elbauen seit mehr als 20 Jahren auch wieder mit den Bibern. Die Nager galten in der Region bereits als ausgestorben. Nach der Wende haben sie sich die Elbe als Lebensraum zurückerobert; der aktuelle Bestand im Biosphärenreservat Flusslandschaft Elbe wird auf ungefähr 1500 Tiere geschätzt.

Die besondere Auszeichnung seitens der UNESCO ist jedoch nicht nur eine Ehre, sondern gleichzeitig Verpflichtung. In der jahrhundertealten Kulturlandschaft entlang dem Strom wird intensiv Landwirtschaft betrieben. Es gilt also, Naturschutz und wirtschaftliche Interessen unter einen Hut zu bekommen. So wurde im Biosphärenreservat Niedersächsische Elbtalaue ein „Gastvogelmanagement“ für Schwäne und Gänse eingeführt. Über Verträge mit den ansässigen Landwirten werden störungsarme Rastgebiete abgesichert. Dort sind, wo es möglich ist, beispielsweise Stromleitungen unter der Erde verlegt. Auf „Ablenkflächen“ wird reifes Getreide belassen, der Ernteausfall den Bauern erstattet. Über die Rückverlegung der Deiche wird wertvoller Lebensraum für zahlreiche Tier- und Pflanzenarten erhalten bzw. neu geschaffen.

Den besten Überblick hat man vom Aussichtsturm am Kniepenberg bei Drethem, am nächsten kommt man Flora und Fauna der schützenswerten Auenlandschaft natürlich vom Schiff aus. Da gibt es so einige Möglichkeiten: gemütlich mit dem Ausflugsdampfer, abenteuerlich unterwegs mit dem Floß mit Solarantrieb oder aber im Rahmen von vogelkundlichen Führungen.

Zwei typische Vertreter der Elbtalaue: Kopfweiden und Weißstorch.

Informationen

Biosphaerium Elbtalaue, Schlossstraße 10, 21354 Bleckede, Tel. 05852 95 14 14, www.biosphaerium.de
Archezentrum im Haus des Gastes, Am Markt 5, 19273 Amt Neuhaus, Tel. 038841 75 96 14, www.archezentrum-amt-neuhaus.de

Lauenburg/Elbe
Boizenburg
Bleckede
Ludwigslust
Neustadt-Glewe
Grabow
Dömitz
Hitzacker
Dannenberg (Elbe)
Lüchow
Lenzen (Elbe)
Schnackenburg
Arendsee (Altmark)
Bad Bevensen
UELZEN
Biosphärenreservat Flusslandschaft Elbe
Biosphärenreservat Niedersächsische Elbtalaue
Mecklenburg-Vorpommern
Griese Gegend
Göhrde
Elbhöhen
Wendland
Elbtalaue
Maßstab 1:300.000

FACHWERK AM FLUSS

Hübsche Fachwerk-Städtchen schmücken das abwechslungsreiche Flussufer der Elbe, während man in der Kulturlandschaft des Wendlands die einzigartigen Rundlingsdörfer zu sehen bekommt.

1 Bleckede

Bereits zu Beginn des 13. Jh. in Erinnerung an Heinrich den Löwen als Löwenstadt gegründet, setzte sich Ende des Jh. der Name Bleckede durch. Die heutige Kleinstadt (9400 Einw.) liegt teils im Urstromtal direkt an der Elbe, teils etwas erhöht auf einem Geestrücken.
Von hier aus pendelt eine Fähre hinüber aufs andere Elbufer nach Neu-Bleckede. Bleckede ist mit dem historischen Heide-Elbe-Express zu erreichen (s. auch S. 62).

SEHENSWERT
Hauptanziehungspunkt des Ortes mit einigen hübschen Fachwerkhäusern ist zweifelsohne das **Biosphaerium Elbtalaue** TOPZIEL (Schlossstraße 10, Tel. 05852 95 14 14, www.biosphaerium.de; April–Okt. tgl. 10.00–17.00, Nov. und Dez. Mi.–So. 10.00–17.00, Jan. und Feb. nur Sa. und So. 10.00–17.00 Uhr); im Biosphaerium erfährt man alles Wissenswerte zur Elbtalaue, angegliedert sind ein Aquarium mit Elbfischen sowie eine Biberanlage. Untergebracht ist das Infozentrum im Schloss Bleckede, einem auf den Resten einer Burganlage aus dem 13. Jh. errichteten Wasserschloss. Interessant in der **Jacobikirche** (1767) ist das nach der Wende eingebaute Fenster, das einige „Wessis" darstellt, die „Ossis" willkommen heißen, die mit dem Boot die Elbe überqueren.

RESTAURANT
Im € € € **Bleckeder Brauhaus** wird nicht nur Helles und Dunkles gebraut, in der Gaststube und im Biergarten werden regionale, eher deftige Speisen serviert. Auf Anfrage kann die Privatbrauerei (inkl. Bierverkostung) besichtigt werden (Breite Straße 20, Tel. 05852 5 00. www.brauerei-bleckede.de).

UMGEBUNG
Vom Aussichtsturm am **Kniepenberg** zwischen Bleckede und Hitzacker hat man einen wunderbaren Ausblick über die Elbtalauen. Wer die Fähre über die Elbe nimmt (entweder in Bleckede oder in Neu Darchau weiter östl.) findet auf der mecklenburgischen Seite mit der bis zu 30 m hohen **Stixer Wanderdüne** eine der größten Wanderdünen Deutschlands.

INFORMATION
Tourist-Information, Biosphaerium Elbtalaue, Schlossstraße 10, 21354 Bleckede, Tel. 05852 95 14 14, www.bleckede-tourismus.de

Biosphaerium in Bleckede (oben und rechts unten). Unterwegs mit einem Einbaum des in Hitzacker ansässigen Archäologischen Zentrums (rechts oben).

2 Hitzacker

Die „Perle des Wendlands" (5000 Einw.) zwischen Elbe und der Mündung der Jeetzel gilt vielen als schönstes Städtchen in den Elbtalauen. Zahlreiche Fachwerkhäuser schmücken die Altstadt. Bundesweite Bekanntheit hat der Ort durch Elbhochwasser erlangt – seit 2008 schützt eine Beton-Promenade das Städtchen. Oberhalb der Altstadt liegt ein uralter Weinberg, einer der nördlichsten in Deutschland.

MUSEEN
Das **Heimatmuseum** ist im Alten Zollhaus (1589) untergebracht und informiert über die Geschichte des oft vom Hochwasser bedrohten Ortes (Zollstraße 2, Tel. 05862 88 38, www.museum-hitzacker.de; März–Ende Okt. Di.–So. 10.00–17.00 Uhr). Das **Archäologische Zentrum** ist Deutschlands erstes bronzezeitliches Freilichtmuseum und informiert über die Zeit der ersten Besiedlungen rund um Hitzacker vor mehr als 3000 Jahren (Elbuferstraße 2, Tel. 05862 67 94, www.archaeo-zentrum.de; April bis Okt. tgl. 10.00–17.00 Uhr).

VERANSTALTUNGEN
Kulturelles Highlight sind die **Sommerlichen Musiktage Hitzacker,** eines der ältesten Kammermusik-Festivals in Deutschland, das Ende Juli/Anf. Aug. in wunderschöner Umgebung stattfindet (www.musiktage-hitzacker.de). Im März wird die **Musikwoche Hitzacker,** ebenfalls mit klassischer Musik, veranstaltet (www.musikwoche-hitzacker.de).

AKTIVITÄTEN
Hitzacker trägt seit 2010 offiziell den Titel **Kneipp-Kurort.** Kurgäste, aber auch alle anderen Urlauber, können das umfangreiche Angebot im Ort nutzen.

UMGEBUNG
Tolle Wanderungen lassen sich im westl. gelegenen **Staatsforst Göhrde** unternehmen, dem größten zusammenhängenden Mischwald Norddeutschlands – Adels-Jagdgebiet erst der Welfen und später der Hohenzollern bis 1913. Georg IV. ließ das einst prächtige Jagdschloss Göhrde weitgehend abreißen, übrig blieben nur der Marstall, ein Kavaliershaus sowie Nebengebäude, die heute in Privatbesitz sind.

INFORMATION
Kur- und Touristinformation, Am Markt 7, 29456 Hitzacker, Tel. 05862 96 97 0, www.wendland-elbe.de

In Schnackenburgs Grenzlandmuseum (links oben). Lüchows Lange Straße (links unten). Typisch: Bauernhäuser am Elbdeich (rechts).

3 Dannenberg

Bereits im 9. Jh. siedelten wendische Stämme im Bereich der heutigen Kleinstadt an der Jeetzel (8300 Einw.).

SEHENSWERT

Den gemütlich wirkenden **Marktplatz** säumen hübsche **Fachwerkhäuser,** von denen das **Rathaus** (1780) das imposanteste ist. In Sichtweite ragt auf dem Amtsberg der **Waldemarturm** (12. Jh.) auf, urspr. Bergfried einer mittelalterlichen Burg. Sehenswert in der **Johanniskirche** ist der Flügelaltar (Mitte des 15. Jh.).

MUSEUM

Der Waldemarturm beherbergt das **Heimatmuseum** mit einer Dauer-Ausstellung zur Stadtgeschichte und zum Thema Hochwasser in Dannenberg (Amtsberg, Tel. 05861 80 81 17, www.waldemarturm.de; Apr.–Okt. Do.–So. 12.00–17.00 Uhr).

EINKAUFEN

Künstler, Kunsthandwerker und Landwirte der Region bieten ihre Produkte und Objekte im **Kaufhaus des Wendlands** an (Am Markt 8, Tel. 05861 98 90 66, www.kaufhausdeswendlands.de; Mo.–Fr. 10.00–18.00, Sa. 10.00–14.00 Uhr).

RESTAURANT

Das Motto des Hotel-Restaurants **€ € Alte Post** lautet „Vom Dorf aus die Welt verstehen". Die Küche bietet internationale Gerichte und regionale Speisen (Marschtorstr. 6, Tel. 05861 986 08 60, www.alte-post-dannenberg.de).

UMGEBUNG

Bei Dömitz über die Elbe, nach ein paar Kilometern flussaufwärts landet man in **Rüterberg** (s. auch S. 68). In seiner Heimatstube kann man sich über Rüterbergs ungewöhnliche Geschichte informieren (Tel. 038758 2 23 14; nach Vereinb.).

Die zwischen 1870 und 1873 errichtete Eisenbahnbrücke über die Elbe bei **Dömitz** ist das Industriedenkmal im Wendland. Am 20. April 1945 wurde die rund 1000 m lange Brücke durch einen Luftangriff der Alliierten zerstört und – weil mitten auf der innerdeutschen Grenze gelegen – nicht wiederaufgebaut. Die markanten, stählernen Bögen blieben erhalten. Acht Millionen Euro flossen in die kürzliche Sanierung und die Errichtung eines 130 m langen Skywalks, eröffnet im Spätsommer 2023.

INFORMATION

Touristinformation Dannenberg, Am Markt 5, 29451 Dannenberg, Tel. 05861 80 85 45, www.wendland-elbe.de

4 Lüchow

Lüchow (9500 Einw.) wurde bereits im 12. Jh. erwähnt und erhielt Ende des 13. Jh. Stadtrecht. Zahlreiche mittelalterliche Gebäude fielen verheerenden Bränden zum Opfer, zuletzt 1811 auch Rathaus und Schloss. Den Stil der seinerzeit neu errichteten Fachwerkhäuser nennen die Lüchower selbst „schlicht und spartanisch". Als Fachwerk-Ensemble ist es durchaus sehenswert – beispielsweise in der Langen Straße.

MUSEEN

Im Turm (wohl 15. Jh.) des einstigen Schlosses befindet sich das bereits 1930 eröffnete **Amtsturm-Museum,** das überwiegend Exponate zur Geschichte der Lüchower Grafen und der Lüchower Stadtgeschichte präsentiert (Amtsgarten, Tel. 05841 12 60, www.amtsturm.de; April–Okt. Mo. 10.00–13.00, Fr. 14.00–16.00, Sa. 13.00–16.00 und So. 12.00–15.00 Uhr).
Rolling-Stones-Ikone Mick Jagger war nie in Lüchow, aber Ulli Schröder schon oft auf Konzerten der Rolling Stones. Der beinharte Fan hat ein ganzes Haus mit Exponaten aus der mehr als 60-jährigen Bandgeschichte vollgestopft – samt Kunstwerken von Stones-Gitarrist Ron Wood (**Stones Fan Museum,** Dr.-Lindemann-Straße 14, Tel. 05841 59 02, www.stonesfanmuseum.de; Ostern–Ende Okt. Di.–So. 12.00 bis 18.00 Uhr).

HOTELS UND RESTAURANTS

In Lübeln lässt sich im **€ € 1. Deutschen Kartoffel-Hotel** übernachten. Das Haus mit den freundlich gestalteten Zimmern bietet im Restaurant Gerichte rund um das „Gold der Heide" (Lübeln 1, 29482 Küsten-Lüchow, Tel. 05841 13 60, www.kartoffel-hotel.de).

UMGEBUNG

Das wohl bekannteste der **Rundlingsdörfer** **TOPZIEL** im Wendland dürfte **Lübeln** sein (5 km westl.). Hier befindet sich das Rundlingsmuseum (Lübeln 2, Tel. 05841 96 29 30, www.rundlingsmuseum.de; Mitte März–Ende Okt. Di.–So. 10.00–17.00 Uhr). Ebenfalls sehenswert (und teilweise authentischer) sind beispielsweise **Satemin, Jabel** und **Saaße.** Es gibt sowohl einen Wander- als auch einen Fahrrad-Rundweg, auf dem man die Rundlingsdörfer erkunden kann (www.reiseland-niedersachsen.de/erleben/wandern/wandertouren/elbe-und-wendland-5/rundlingsweg/grosser-rundlingsweg). Schöne Wanderungen kann man in der **Clenzer Schweiz** unternehmen. Einen Abstecher wert ist der geologische Lehrgarten im Findlingspark in **Reddereitz** (www.findlingspark-clenzer-schweiz.de).

Tipp

Kulturelle Landpartie

Alljährlich zwischen Himmelfahrt und Pfingsten findet im Wendland mit der Kulturellen Landpartie das größte selbst organisierte Kulturfestival Deutschlands statt. Entstanden und gewachsen ist das bunte und überaus vielfältige Festival 1990 aus der Protestbewegung gegen das Atommüllendlager in Gorleben. Rund 90 auf den ganzen Landkreis verteilte Dörfer sind dabei, Künstler öffnen ihre Ateliers, Scheunen und Marktplätze werden zu Konzertbühnen bei der Kulturellen Landpartie – Wunderpunkte im Wendland, wie das Festival vollständig genannt wird.

INFORMATION
Kulturelle Landpartie, Drawehner Straße 2, 29439 Lüchow, Tel. 05841 97 69 40, www.kulturelle-landpartie.de

DIE NIEDERSÄCHSISCHE ELBTALAUE ZEIGT BEISPIELHAFT, DASS EIN MITEINANDER VON MENSCH UND NATUR NACHHALTIG FUNKTIONIEREN KANN.

INFORMATION
Gästeinformation Lüchow, Johannisstr. 2-3, 29439 Lüchow (Wendland), Tel. 05841 974 73 86, www.region-wendland.de

5 Gartow

In dem lang gezogenen Straßendorf (1440 Einw.) mit See und einer langen Geschichte (erstmals erwähnt im frühen 13. Jh.) residiert seit Ende des 17. Jh. die Adelsfamilie von Bernstorff, die sich immer wieder gegen das Endlager in Gorleben engagiert hat.

SEHENSWERT
Das barocke Bernstorff'sche **Schloss** (1710) ist im Rahmen von Führungen zu besichtigen. Angehörige der gräflichen Familie führen die Besucher durch die Gemächer und die Gärten. Nur nach vorheriger Anmeldung bei der Tourist-Info in Gartow (Tel. 05846 333). Auf eigene Faust erkunden kann man die barocke **Georgskirche** (April–Okt. tgl. 9.00–18.00 Uhr).

ERLEBEN
Der 67 ha große **Gartower See** ist ein Dorado für Wasserratten, sei es für Taucher, Windsurfer oder einfach nur zum Baden. Ganzjährig Schwimmen und Relaxen kann man in der Wendland-Therme (Am Helk 1, Gartow, Tel. 05864 444, www.wendlandtherme.de).
Fast direkt am Gut Gartow beginnt ein rund zweieinhalb Kilometer langer **Biberpfad** um den See, wo sich mit ein wenig Glück einige der possierlichen Nager sehen lassen; auf jeden Fall sieht man die Spuren ihrer Arbeit am Seeufer.

VERANSTALTUNG
Am letzten So. im Aug. wird in der Nemitzer Heide das **Heideblütenfest** (inkl. Wahl der Heidekönigin) gefeiert.

UMGEBUNG
Ein Besuch **Schnackenburgs,** der kleinsten Stadt Niedersachsens und direkt an der Elbe gelegen, lohnt auch wegen des interessant gestalteten Grenzlandmuseums (Fischerhaus, Am Markt 1, Tel. 05840 210; www.grenzland-museum-schnackenburg.de; April Di.-So. 10.00 bis 16.00, Sep./Okt. tgl. 10.00-16.00 und Juni bis Aug. tgl. bis 17.00 Uhr). Von hier aus setzt eine Fähre auf die andere Elbseite über.
Unweit von **Pevestorf** verkehrt eine weitere Fähre hinüber nach Lenzen.
Weit ab der Lüneburger Heide findet man hier im Wendland mit der **Nemitzer Heide** eine klassische Heidelandschaft inklusive Heideblüte und Heidschnucken.
Über das unscheinbare Dorf **Gorleben** wüsste man sicher gar nichts, würde es nicht das Atommülllager und seit den 1970er-Jahren die Protestbewegung gegen diese Anlage geben.

INFORMATION
Touristinfo Gartow, Springstraße 14, 29471 Gartow, Tel. 04856 333, www.gartow-erleben.de

RADTOUR DURCH DIE ELBTALAUEN

Ein besonders schöner Abschnitt des Elbe-Radwegs führt durch die Niedersächsischen Elbtalauen zwischen Lauenburg im Nordosten und Schnackenburg im Südwesten. 1997 wurde die Flusslandschaft von der UNESCO als Biosphärenreservat geadelt. Unzählige Zugvögel nutzen die Elbtalauen als Zwischenstation, Kraniche und Störche als Brutplatz, bisweilen kreisen Seeadler majestätisch über dem Urstromtal. Und sogar Biber haben sich hier wieder angesiedelt. Mit dem Rad kann man beide Seiten der Elbe befahren. Fähren bringen Radler hinüber auf das jeweils andere Ufer. Während die Strecken in Mecklenburg-Vorpommern topfeben sind, gibt es auf der niedersächsischen Seite zwischen Hitzacker und Bleckede am Kniepenberg überraschend heftige Steigungen bis zu 13 Prozent (in Fahrtrichtung Hitzacker).

Eine empfehlenswerte kurze Tagestour führt von Hitzacker nach Osten bis zur Elbbrücke nach Dömitz. Ein Abstecher in die Altstadt lohnt sich, die Festung nahe der Brücke ist zu besichtigen. Die Tour führt weiter via Rüterberg zur Fährstation bei Bitter, von dort aus hinüber nach Hitzacker (ca. 36 km). Unterwegs bietet sich in Wilkenstorf eine Pause im „Radler Café" an, wo die freundliche Gastgeberin – gern in historischem Gewand – leckeren Kaffee und Kuchen serviert. Wer mehr Puste hat (oder ein E-Bike) rollt weiter bis nach Darchau, nimmt die Fähre nach Neu Darchau und radelt via Kniepenberg mit herrlicher Aussicht zurück nach Hitzacker.

Informationen im Internet auf www.elbtalaue.de oder www.elberadweg.de; auf letzterer Seite ist auch das als pdf-Dokument herunterzuladende **Elberadweg-Handbuch** zu finden mit Infos u. a. zu Übernachtungsmöglichkeiten, Sehenswürdigkeiten und Vorort-Hilfen.

Die Radwege sind bestens ausgeschildert. **Elbfähren** für Wanderer und Radler gibt es bei den Orten Bleckede/Neu-Bleckede, Neu Darchau/Darchau, Hitzacker/Bitter, Pevestorf/Lenzen und Schnackenburg/Lütkenwisch, **Elbbrücken** bei Lauenburg, Dömitz und Wittenberge.

LANDGESTÜT
CELLE

CELLE / SÜDHEIDE

*

BAROCKE PRACHT UND SCHWARZES GOLD

*

Celles prächtiges Welfenschloss beherbergt das älteste noch regelmäßig bespielte Barocktheater der Welt. Rund um die Stadt mit dem schönen Fachwerkensemble finden sich idyllische Heidelandschaften und das ehemalige Zentrum der deutschen Erdölförderung.

Zur Celler Hengstparade auf dem Niedersächsischen Landgestüt gehören traditionell auch Sprungvorführungen, schließlich liegt der Zuchtschwerpunkt bei den Sportpferden.

Wundern Sie sich nicht, wenn Sie durch die stimmungsvolle Altstadt Celles laufen und plötzlich das Krümelmonster aus der Sesamstraße hören. Es ist lediglich die deutsche Stimme der berühmten Puppenfigur, die Ihnen als „Sprechende Laterne" Anekdoten und allerlei Wissenswertes über die Stadt erzählt. Und über die gibt es tatsächlich so einiges zu erzählen: zum Beispiel über die rund 500 Fachwerkhäuser als Zeitzeugen aus fünf Jahrhunderten, über das prächtige Schloss der Welfen oder auch über das einzigartige Kunstmuseum.

2017 konnte die Residenzstadt ihren 725. Geburtstag feiern. 1292 war es Herzog Otto der Strenge aus der Familie der Welfen, der seine Burg von Altencelle hierher verlegte und damit den Grundstein für eine Stadt legte, die ein knappes Jahrhundert später zur Residenz der Welfenfürsten wurde und es fast drei Jahrhunderte lang blieb.

Die Sprechenden Laternen, fünf an der Zahl, funktionieren übrigens nur, wenn man sich genau in ihre Mitte begibt. Erst dann wird ein Sensor aktiviert. Abends sind die Laternen übrigens überwiegend mit Leuchten beschäftigt, da gibt es höchstens noch mal eine kurze Begrüßung oder die Wegbeschreibung zum Kino.

CELLES SCHLOSS-BESUCHER REIZEN VOR ALLEM DIE »CHRONIQUES SCANDALEUSES« DER WELFEN.

Zum Schlosstheater finden die meisten Besucher auch so. Es ist, wie der Name schon sagt, Teil des Celler Schlosses und Europas ältestes regelmäßig bespieltes Barocktheater mit einem eigenen Ensemble. Hier wurden schon vor Jahrhunderten Komödien und Dramen aufgeführt, um die Herzöge von Braunschweig-Lüneburg und ihre Gäste zu unterhalten.

Auch die bis 1576 neu gestaltete frühprotestantische Schlosskapelle gehört zum Celler Residenzmuseum (oben und Mitte). Das noch bespielte Schlosstheater (unten).

Residenzmuseum Celle: Herzog Georg Wilhelm und seine Gattin Eléonore d'Olbreuse mit ihrem Schloss, das sie in der zweiten Hälfte des 17. Jahrhunderts barock ausgestalten ließen.

Seit 1985 schmückt die Bronzeplastik „Hengst Wohlklang in der Freiheitsdressur" den Schlossgarten.

Celler Altstadt: Die fachwerkreiche Kalandgasse wird von der auf das Mittelalter zurückgehenden Stadtkirche St. Marien überragt, deren Kirchturm aus dem frühen 20. Jahrhundert stammt.

Ein äußerlich schlichter Celler Fachwerkbau beherbergt die Synagoge. Die „Bima", das Lesepult mit den Thora-Rollen, bildet liturgisch das Zentrum des jüdischen Gottesdienstes (Mitte). „Rauch, Gestank und Plackerei": Das Celler Bomann-Museum gibt Einblicke in das einstige Bauernleben in der Lüneburger Heide – hier die Bauernstube (unten).

Celler Schützenvereine gab es bereits im 15. Jahrhundert. Zu ihrem Schützenfest im Juli gehört seit jeher der Umzug der Schützen vorbei am Rathaus – angeführt von den königlichen Honoratioren des Vorjahres.

DRAMEN BEI HOFE

Dabei haben die Welfen selbst für reichlich Dramen gesorgt. So musste Sophie Dorothee, Tochter von Herzog Georg Wilhelm und dessen zweiter Gattin Eléonore d'Olbreuse 1682 ihren Cousin Georg Ludwig, den späteren König Georg I. von England, heiraten. Sie liebte aber viel mehr den Offizier und Hofkavalier Philipp Christoph von Königsmarck. Dass sie ihre Liebe auch auslebten, passte naturgemäß dem Gatten nicht. Georg Ludwig ließ seinen Nebenbuhler ermorden und verbannte die Gattin auf Schloss Ahlden.

Noch dramatischer verlief das Liebesleben der Urenkelin von Georg Wilhelm, Caroline Mathilde. Sie wurde gezwungen, ihren ziemlich irren Cousin, den späteren König Christian VII. von Dänemark, zu heiraten. Verliebt aber war sie in den Leibarzt und Minister des Hofes, Johann Friedrich Struensee. Auch dieser überlebte die Romanze nicht, wurde wegen Hochverrats angeklagt und 1772 hingerichtet. Dieses Drama wurde zuletzt 2012 mit den Weltstars Mads Mikkelsen und Alicia Vikander verfilmt und für den „Oscar" nominiert. Das Leben des derzeitigen Oberhaupts des Welfengeschlechts – Ernst August Albert Paul Otto Rupprecht Oskar Berthold Friedrich-Ferdinand Christian-Ludwig Prinz von Hannover Herzog zu Braunschweig und Lüneburg Königlicher Prinz von Großbritannien und Irland – wäre sicherlich auch filmreif. Kam Ernst August doch als „Prügelprinz" oder wahlweise auch als „Pinkelprinz" zu recht zweifelhaftem Ruf.

Das Schloss seiner Vorfahren in Celle, zunächst eine eher strenge und schlichte Burganlage mit gotischen Elementen, wurde nach der Reformation von Ernst dem Bekenner aus- und umgebaut. Insbesondere die 1565 bis 1576 als lutherisches Gotteshaus neu gestaltete Schlosskapelle gilt als sakrales Meisterwerk der Renaissance.

DAS BAROCKE FRANKREICH WAR VORBILD AUCH FÜR DIE UMGESTALTUNG DES CELLER SCHLOSSES.

Die beispielhafte höfische Prachtentfaltung des französischen „Sonnenkönigs" Ludwig XIV. vor Augen, erfolgte unter Herzog Georg Wilhelm überwiegend in der zweiten Hälfte des 17. Jahrhunderts der Ausbau zu einem barocken Prachtschloss inklusive französischem Garten und eben jenem bis heute aktiven Theater. Weil ohne männlichen Erben, endete mit dem Tod des Herzogs 1705 die Zeit Celles als Residenzstadt, das Schloss wurde als zeitweilige Sommerresidenz der Welfen – inzwischen Könige von Großbritannien – genutzt. Man munkelt, dass diese Verbindung zu England die Stadt vor Bombardierungen im Zweiten Weltkrieg weitgehend verschont hat und das einzigartige Fachwerk-Ensemble deshalb erhalten blieb.

LEUCHTENDES BEISPIEL

Aber Celle will keine museale Puppenstube sein. Die Stadt mag in der Provinz liegen, gibt sich aber weltoffen und modern. Ihr Kunstmuseum zum Beispiel haben sich die Celler sogar patentieren lassen. Denn so etwas hat noch nicht einmal Hamburg, Berlin oder München. Das Museum zu Celle ist nämlich das erste 24-Stunden-Kunst-Museum der Welt, und wie sie selbst stolz und passend verkünden „der buchstäblich leuchtende Beweis dafür, dass trotz knapper Kulturbudgets und rasant wachsender Museumslandschaft Innovationen möglich sind".

Tagsüber präsentiert sich das Museum in ganz normalem Gewand. Man zahlt Eintritt, wandelt umher. Präsentiert wird Malerei, Grafik und Skulpturen nationaler und internationaler Künstler. Wird

Kloster Wienhausen: Der Kapitelsaal war Zentrum und Versammlungsort der klösterlichen Gemeinschaft. Zum Auftakt der Treffen wurde hier jeweils ein Kapitel der Ordensregeln vorgetragen.

»SECHS MITTELALTERLICHE KLÖSTER HAT DIE LÜNEBURGER HEIDE ZU BIETEN. MIT EINZUG DER REFORMATION WURDEN SIE ALLE ZU EVANGELISCHEN DAMENSTIFTEN UMGEWANDELT – UND SIND ES GEBLIEBEN.«

Aus „Auf Entdeckertour in den Heideklöstern" des Norddeutschen Rundfunks

es dunkel, schließen die Pforten des Museums, Kunst wird weiterhin geboten. Der gläserne Kubus des Foyers beginnt zu leuchten, es lassen sich Licht- und Klanginstallationen an den Fassaden betrachten. Und durch die Scheiben sind im Inneren des Gebäudes weitere Lichtkunst-Installationen renommierter Künstler zu bestaunen. Darunter Werke von Brigitte Kowanz, die 2018 mit dem Deutschen Lichtkunstpreis ausgezeichnet wurde.

Doch damit nicht genug. Celle hat seit 2018 auch den ersten und einzigen Lichtkunstbahnhof Deutschlands. Robert Simon, Galerist und Ideengeber des Celler Kunstmuseums, hatte die Idee, seine 24-Stunden-Lichtkunst vom Museum auf den Bahnhof zu erweitern. Getreu seinem Motto, möglichst große Teile der Bevölkerung mit seiner Kunst zu erreichen. Aufgrund der vielen tausend Bahnreisenden, die so in den Genuss der Lichtkunst kommen, sprach Simon gar von „Louvre-Dimensionen".

Der Galerist und Mäzen grenzt sich allerdings bewusst von den Illuminationen ab, die aller Orten historische Gebäude lila, grün oder orange leuchten lassen. Das, so Kunstversteher Simon, sei nichts als Kitsch und zudem nicht von Dauer. Im Gegensatz zur Lichtkunst am Celler Bahnhof.

SCHWARZES GESPENST IM MOOR

Unweit Celles liegt der Ort Wietze. Hermann Löns war alles andere als begeistert, als er im Jahre 1910 zum ersten Mal die dortigen Anlagen zur Erdölförderung erblickte. „Es steht ein schwarzes Gespenst im Moor, das ragt über Büsche und Bäume empor. Es steht da groß und steif und stumm…", so beschrieb der Heide-Dichter den Süden der Lüneburger Heide in seiner Ballade „Der Bohrturm".

Bereits seit Mitte des 17. Jh. wurde in Wietze schweres Erdöl aus obertägigen Teerkuhlen gefördert. „Smeer" oder auch „Satansspeck" nannten die Menschen die dickflüssige Pampe, die dort zutage trat und nutzten sie zunächst als Schmiermittel, als Holzschutz- und Dichtungsmittel, sie versorgten die Wunden an Obstbäumen, aber auch die ihrer Mitmenschen damit.

Gebildet hatten sich das Erdöl, aber auch Erdgas, in Vorzeiten, als die heutige Heideregion noch ein Meer war. Das Erdöl entstand aus kohlestoffreichem Plankton, das Millionen von Jahren unter hohem Druck und hoher Temperatur in mehr als 1000 Metern Tiefe lagerte. Ohne Sauerstoff konnten die organischen Substanzen nicht verwesen, und so wurde der Faulschlamm schließlich in die Kohlenwasserstoffbestandteile des Erdöls umgewandelt.

Kloster Walsrode hat eine ereignisreiche und nicht immer glückliche Geschichte hinter sich. Daher stammen die Gebäude frühestens aus dem 18. Jahrhundert.

Kloster Walsrode: Konventualinnen auf dem Weg zum Johannissingen in der Klosterkapelle am Johannistag.

Der Nonnenchor Kloster Wienhausens zählt zu den interessantesten gotischen Sakralräumen im Norden Deutschlands. Decke und Wände wurden im 14. Jahrhundert mit Motiven der Schöpfungsgeschichte, des Wirkens von Jesus Christus und des Himmlischen Jerusalems ausgemalt.

Celler Hengstparade im Niedersächsischen Landgestüt: Die seit Jahrzehnten geschätzten, aber auch erwarteten Konstanten der Vorführungen sind die sogenannte Ungarische Post und die Zehnerzüge – und natürlich römische Kampfwagen (oben) und die Große Dressurquadrille, zu der hier angeritten wird (unten).

Bei der Celler Hengstparade zeigen sich die zukünftigen Sieger weltweiter Springderbys (oben). Hengste vor dem Wagen: Zur Celler Hengstparade gehören schon immer Gespannvorführungen – auch mit kraftvoll-massigen Kaltblütern (unten).

Die erste Erdölbohrung in Wietze nahm der königliche Landvermesser Georg Christian Konrad Hunäus 1858 vor, also ein Jahr vor der Bohrung von Edwin L. Drake in Titusville/Pennsylvania – was allgemein als Beginn des Erdölzeitalters gilt. So gigantisch wie in den USA war die Erdölförderung in Niedersachsen allerdings nie, und die industrielle Erdölförderung begann in Wietze auch erst gegen Ende des 19. Jahrhunderts. Aber immerhin mehr als dreiviertel der Gesamtmenge an Erdöl, die in Deutschland gefördert wurde, kam zwischen 1900 und 1920 aus Wietze.

KLEIN-TEXAS UND SEIN SCHWARZES GOLD LIEGT GANZ IM SÜDEN DER LÜNEBURGER HEIDE.

„Fettlöcher" nannte nicht nur Löns die Teerkuhlen, in denen sich das bunt schimmernde Öl sammelte. Das einst so beschauliche Bauerndorf veränderte sich rasch: Ein Ölbahnhof und ein Ölhafen wurden errichtet, riesige Öltanks verschandelten die Landschaft, wie schlangenähnliche Monster fraßen sich die Rohre der Pipelines durch die Heide. 1963 rentierte sich das Geschäft mit dem „schwarzen Gold" aus Wietze nicht mehr, die Anlagen wurden geschlossen. Bis zur Stilllegung fanden etwas mehr als 2000 Bohrungen statt, bei rund 1600 Versuchen war man erfolgreich.

Heute erinnert das sehenswerte und interessante Deutsche Erdölmuseum an die öligen Zeiten. Großen Raum des Museums nehmen die originalen Förderanlagen ein. Zu sehen sind zudem verschiedene Modelle von alten Anlagen, zahlreiche geologische Schaustücke aus dem Wietzer Erdölschacht, Rohölproben und Erdölprodukte sowie zahlreiche Geräte aus den Zeiten des damaligen Bohr- und Förderbetriebs.

PERLE DER SÜDHEIDE

Der Wietzer Berg liegt nicht, wie man vermuten könnte, bei Wietze – sondern im Herzen der Südheide unweit von Müden an der Örtze. Der Berg ist ein sanfter Hügel von 102 Metern Höhe und im Sommer zur Blütezeit hat man das Gefühl, das strahlende Lila muss bis zum Mond hinauf leuchten. Nicht nur zur Blütezeit soll Hermann Löns hier gern, zwischen Heide, mächtigen Eichen, Kiefern und Birkenwäldchen gesessen, gedichtet und in die Ferne geschaut haben. Gekennzeichnet ist die Stelle durch den Lönsstein, einen, ehrlich gesagt, ziemlich hässlichen Brocken aus Natursteinen. Schöner als an dem Gedenkstein ist es auf der einsamen Bank, auf der man wirklich inmitten der Besenheide sitzen und zur Ruhe kommen kann. Eindeutig ein Kandidat für die Kategorie „Lieblingsplatz“.

Über den Wietzer Berg führt auch der Heidschnuckenweg, der als Fernwanderweg die schönsten Heideflächen der gesamten Lüneburger Heide miteinander verbindet. Und in diesem Fall auch einen der schönsten Orte der gesamten Lüneburger Heide. Nicht umsonst trägt Müden den Beinamen „Perle der Südheide“. Ein Schatz des Ortes ist die im Ursprung romanische Heidekirche St. Laurentius mit ihrem freistehenden hölzernen Glockenturm, im 16. Jahrhundert auf einem Fundament aus Findlingen errichtet; ein an-

MÜDEN, DIE »PERLE DER SÜDHEIDE«, IST ZUGLEICH DAS MEKKA DER HEIDSCHNUCKENZÜCHTER.

derer die historische Wassermühle an der Örtze. Von hier aus ist es ein Spaziergang von gut zwei Stunden bis in die Misselhorner Heide und ins Tiefental, wo man in den Sommermonaten dienstags und donnerstags am späten Nachmittag den Eintrieb der Heidschnucken miterleben kann. Zurück in Müden, lockt eine süß-habhafte Verführung: eine der mehrfach prämierten Torten-Meisterwerke im Bauerncafé „Ole Müllern Schün“.

Ländlich-gemütliche Szenerien in Müden (oben und unten). Fliegenfischer an der Örtze bei Oldendorf, wo nur Fliegenfischerei betrieben werden darf (Mitte).

Kulisse für größten Stolz und bittere Niederlagen: Prämierung der besten Heidschnuckenböcke am Tag der Heidschnuckenzüchter in Müden.

Mit dem eigenen Auto in die Savannen Ostafrikas: Serengeti-Park in Hodenhagen.

Heideimkerei

DIE BIENENFLÜSTERER

Imkerei hat in der Lüneburger Heide eine lange Tradition. Seit fast hundert Jahren befindet sich hier auch der Sitz des Instituts für Bienenkunde – in Celle. Wurde das Institut – Labor, Museum, Aus- und Fortbildungsstelle zugleich – zunächst gegründet, um die Imkerei in der Heide zu fördern, so ist es heute eine wichtige Forschungs- und Bildungseinrichtung, die sich in erster Linie um die Überwachung des Honigmarktes und um die Prävention von Bienenkrankheiten kümmert.

Angesichts des eigenwilligen und ausgeprägten Geschmacks scheiden sich am Heidehonig die Geister.

Die Imkerei in der Lüneburger Heide blickt auf eine lange Geschichte zurück. Bereits im Mittelalter hielten die Heidjer Bauern Bienen. Bis ins 19. Jahrhundert hinein machte die Imkerei einen Gutteil des Verdienstes der Heidebauern aus. Arbeit gab es für die Heide-Imker das ganze Jahr über, die „Lüneburger Stülper“, die traditionellen Bienenkörbe, brauchten viel Pflege, und auch die Herstellung des typischen Heidehonigs war – und ist noch heute – eine „Heidenarbeit“. Die Konsistenz des Heide-Honigs hat nämlich einen extrem gelartigen Charakter, und so braucht man ein spezielles Verfahren, um den Honig aus den Waben zu lösen – einfaches Schleudern wie bei anderen Sorten funktioniert in der Heide nicht. Die Ernte allerdings muss in Rekordzeit vonstattengehen, sie erfolgt stets nur während der Blütezeit in der Heide.

Übrigens arbeiten Bienen und Heidschnucken perfekt zusammen. Wenn die Schnucken durch die Heideflächen ziehen, zerreißen sie die Spinnennetze zwischen den Heidepflanzen, die oft zur Falle für die sammelnden Bienen werden.

Die vielfach unterschätzten Bienen haben eine enorme ökologische Bedeutung. Auch in der Heideregion sind sie es, die die meisten Wild- und Kulturpflanzen bestäuben, insbesondere auch die Besenheide. Die Bienen leisten zusammen mit ihren wilden Verwandten einen unverzichtbaren Beitrag zur Vermehrung und zum Erhalt zahlreicher Pflanzen und somit auch für eine Vielfalt in der Natur.

SEIT JEHER EINE BIENENSTADT

Gehandelt wurde der Heidehonig früher schon insbesondere in Celle. Insofern ist es kein Wunder, dass sich hier der Sitz des 1927 gegründeten Instituts für Bienenkunde Celle (IB) befindet. Ansässig ist es unweit des Französischen Gartens im ehemaligen Pomeranzenhaus der herzoglichen Orangerie. Der alte Treppenspeicher ist seit 1977 ein Standort der traditionellen Korbimkerei der Lüneburger Heide. Ins Leben gerufen wurde das Institut, um die Imkerei in der Region zu fördern, die mit dem

Sogenannte Begattungskästen erlauben eine kontrollierte Bienenzucht. Normalerweise erfolgt der „Hochzeitsflug" weitab und hoch über den Bienenstöcken.

Rauch beruhigt die Bienen und erlaubt es dem Imker, unbehelligt am Bienenstock zu arbeiten.

zunehmenden Verschwinden der Heideflächen einherging. Heute ist die Überwachung des Honigmarkts in Deutschland die Hauptaufgabe. Um die 17 000 eingeschickte Proben werden alljährlich in den Labors untersucht, um die gewünschte Qualität zu testieren und eine rechtzeitige Prävention vor Bienenkrankheiten zu gewährleisten.

UND DAS BIENENSTERBEN?

Wenn vom Bienensterben die Rede ist, unterliegen viele einem Irrtum, mit dem Prof. Dr. Werner von der Ohe, Leiter des Instituts in Celle, aufräumt: „Bei Honigbienen gibt es kein Bienensterben. Die Zahl der Imker wächst seit Jahren um jährlich etwa fünf Prozent und damit auch die Zahl der Bienenvölker." Wirklich bedroht, so von der Ohe, seien hingegen die Wildbienen – insgesamt sind in Deutschland rund 550 Bienenarten anzutreffen. „Das liegt vor allem an der Zerstörung von Habitaten. Für zubetonierte Neubaugebiete, Supermärkte und zugehörige Parkplätze wurde nur höchst selten bienenfreundlicher Ausgleich geschaffen." Sterile Hausgärten ohne eine einzige Blühpflanze würden die Lage zusätzlich verschlimmern. „Wildbienen finden keine Brutplätze und auch keine Nahrung mehr", sagt von der Ohe.

AUSBILDUNG, EIN WICHTIGES THEMA

Das Bieneninstitut Celle betreibt zudem die bundesweit einzige Berufsfachschule für Imker. Hinzu kommen Fortbildungsmöglichkeiten für Hobby-Imker sowie ein Beratungsdienst. „Wir schulen und beraten die Imker. Man kann aber nur gut beraten und schulen, wenn neue Probleme erkannt werden und man dafür Lösungsansätze kreiert. Dank unserer Untersuchungen und un-

Honigbiene mit „Körbchen" am Hinterbein beim Pollensammeln (oben). Die größere Königin ist gut an ihrem „Aufkleber" zu erkennen (unten).

Informationen

Institut für Bienenkunde Celle (IB) im Niedersächsischen Landesamt für Verbraucherschutz und Lebensmittelsicherheit (LAVES), Mo.–Do. 9.00–17.00, Fr. 9.00–12.00, Honigverkauf Mi. 9.00–12.00 Uhr, Herzogin-Eleonore-Allee 5, Celle, Tel. 05141 905 03 40, www.laves.niedersachsen.de

Jedes Jahr findet am 1. Sonntag im September der **Tag der Offenen Tür** im Bieneninstitut in Celle statt. Interessante Führungen können jedoch auch das ganze Jahr über auf Anfrage gebucht werden. Besucher erleben dabei u. a. eine Honig- und Pollenanalyse im Labor des Instituts, sie können Bestäubung, Honig- und Wachsgewinnung sowie Königinnenzucht erleben. Bei den Führungen durch die Demonstrationsräume, das Museum und den Bienengarten erfährt man u. a., dass ein Bienenvolk 120 000 Kilometer Flugstrecke zurücklegen muss, um ein Glas Honig zu produzieren – und dass es keinen Sinn macht, seinen Honig in den heißen Tee zu geben, denn dadurch würden die meisten Inhaltsstoffe des eigentlich so gesunden Honigs zerstört.
Das Institut für Bienenkunde, seit 2004 in das Niedersächsische Landesamt für Verbraucherschutz und Lebensmittelsicherheit (LAVES) eingegliedert, hat sogar eine spezielle **App für Bienenfreunde** (und die es werden wollen) entwickelt, mit Hintergrundwissen über Honigbienen und Wildbienen und u. a. einem Lexikon mit über 100 „bienenfreundlichen" Pflanzen.

serer Monitoringprojekte erkennen wir Probleme frühzeitig, und unsere Forschung hilft, diese zu lösen", erklärt Prof. Dr. von der Ohe.

STECKNADELGROSSER HAUPTFEIND

Zweifelsohne hat auch die Honigbiene damit zu kämpfen, dass immer mehr Flächen versiegelt und zunehmend mehr Insektizide versprüht werden, dass immer häufiger Monokulturen vorherrschen. Die größte Bedrohung für Honigbienen jedoch ist eine winzige Milbe, Varroa destructor. In den 1970er-Jahren gelangte die Milbe mit Importen asiatischer Bienenvölker nach Europa, wo sie seitdem verheerende Schäden anrichtet, da sich hiesige Bienen nicht gegen die „Zerstörermilbe" zu wehren wissen. Von der Ohe und seine Mitstreiter suchen seit Jahren das Allheilmittel gegen die „Varroose". Bislang wurden hauptsächlich Ameisen- und Oxalsäure eingesetzt. Beide

DIE VARROA-MILBE KAM ALS »BLINDER PASSAGIER«.

Mittel wirken – aber nur bedingt. Die Meldung der Universität Hohenheim vom Jahresbeginn 2018, Lithiumchlorid sei das neue Wundermittel, kann von der Ohe nicht bestätigen. Das Salz sei zwar vergleichsweise günstig und scheint die Milben tatsächlich zu töten. Aber zum einen könne die wasserlösliche Substanz als Rückstand im Honig erhalten bleiben, zum anderen wirke das Mittel auch für einen Teil der Brut tödlich.

Der Kampf gegen den Hauptfeind der deutschen Honigbienen geht also weiter. Ein wichtiger Kampf. Denn die Bienen, so von der Ohe, besäßen nicht nur eine ökologische, sondern vor allem auch eine enorme ökonomische Bedeutung: „Die ökonomische Wertigkeit bezieht sich dabei nicht nur auf den Verkaufserlös der Produkte aus dem Bienenvolk, sondern auch auf die enorme Bestäubungsleistung der Bienen. Denn dank der Bestäubung der Bienen bringen zahlreiche Kulturpflanzen höhere und sichere Erträge."

Figurenbeute im Bieneninstitut Celle: ein ausgehöhlter Baumstamm, zur Skulptur verarbeitet und mit einem Bienenvolk bevölkert. Zu sehen ist Herzogin Eléonore d'Olbreuse (1639–1722) mit ihrem Lipizzaner-Hengst, geschaffen von der Holzbildhauerin Birgit Maria Jönsson.

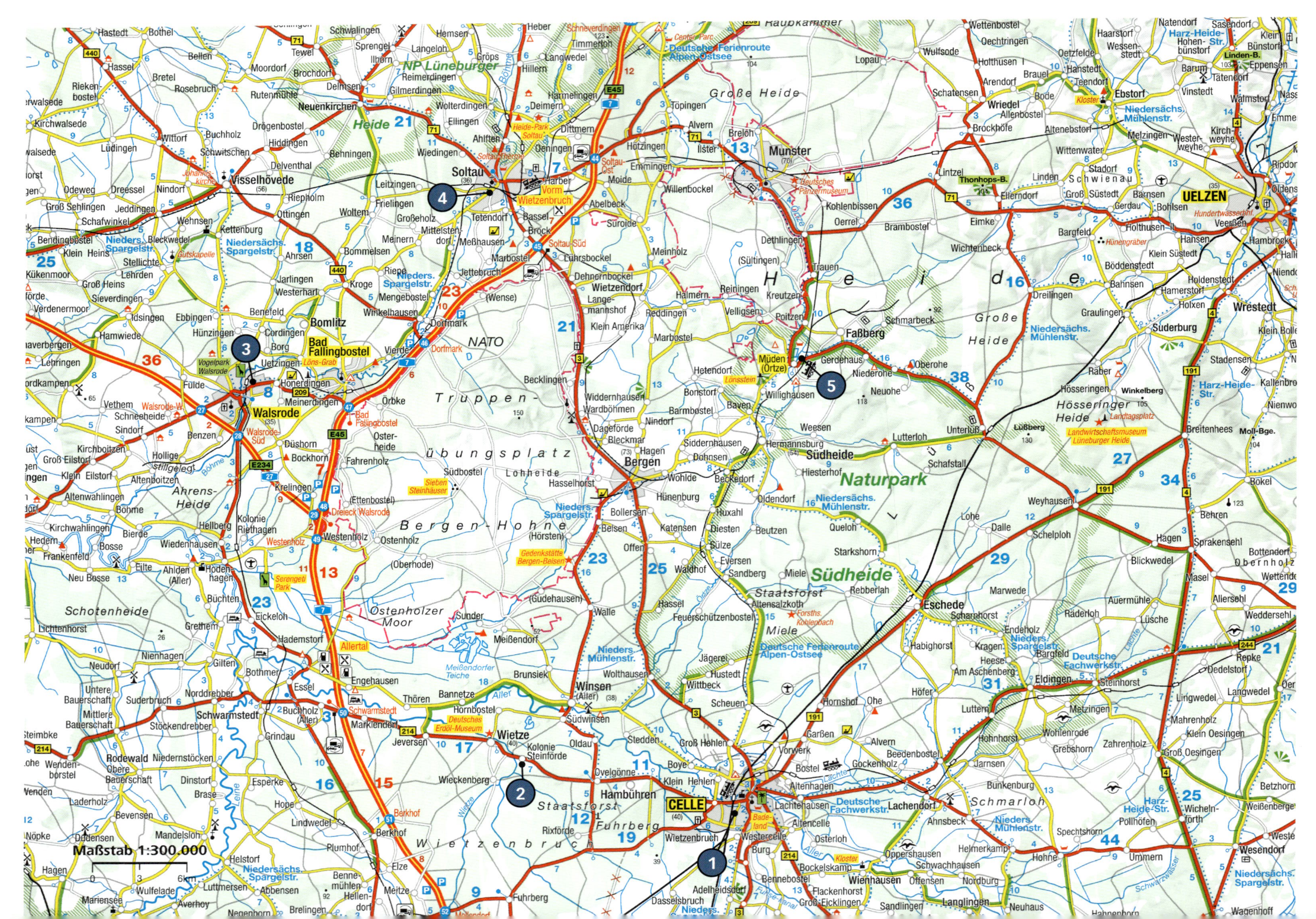

UELZEN
Munster
Soltau
Bad Fallingbostel
Walsrode
Visselhövede
Bergen
CELLE
Hermannsburg
Faßberg
Müden (Örtze)
Unterlüß
Eschede
Suderburg
Ebstorf
Wriedel
Neuenkirchen
Dorfmark
Winsen (Aller)
Hambühren
Wietze
Schwarmstedt
Hodenhagen
Ahlden (Aller)
Lachendorf
Wienhausen
Eldingen
Wesendorf
Südheide
Naturpark
NP Lüneburger Heide
Große Heide
Hösseringer Heide
Truppenübungsplatz
Bergen-Hohne
NATO
Ostenholzer Moor
Schotenheide
Staatsforst
Miele
Wietzenbruch
Staatsforst Fuhrberg
Niedersächs. Mühlenstr.
Niedersächs. Spargelstr.
Deutsche Fachwerkstr.
Deutsche Ferienroute Alpen-Ostsee
Harz-Heide-Str.
Allertal
Serengeti Park
Vogelpark Walsrode
Heide-Park Soltau
Gedenkstätte Bergen-Belsen
Sieben Steinhäuser
Landwirtschaftsmuseum Lüneburger Heide
Deutsches Panzermuseum
Deutsches Erdöl-Museum
Löns-Grab
Maßstab 1:300.000

KLÖSTERLICHE RUHE UND KARUSSELLS

Celles Altstadt sucht ihresgleichen: Gut erhaltene Fachwerkhäuser zieren die ehemalige Residenzstadt, in deren prächtigem Schloss einst die Herzöge von Braunschweig-Lüneburg Hof hielten. In der abwechslungsreichen Landschaft drum herum findet man Ruhe und altehrwürdige Klosteranlagen, aber auch Attraktionen wie den Serengeti-Park, das Heide Park Resort und den Weltvogelpark in Walsrode.

1 Celle

Eine schönere Fachwerk-Altstadt als in Celle (69 500 Einw.) findet man wohl nicht im Norden der Republik. Fast 500 renovierte Fachwerkhäuser schmücken die Altstadt, man könnte die Stadt in der Südheide getrost das „Rotenburg des Nordens" nennen. Bereits im 13. Jh. wurde der Aller-Übergang befestigt, wenig später das erste Schloss zu Celle erbaut. In dem prächtigen Bau residierten einst die Vorfahren des englischen Königshauses.

SEHENSWERT

Die meisten der vielen **Fachwerkhäuser** **TOPZIEL** aus fünf Jahrhunderten stehen unter Denkmalschutz. Als das schönste gilt das 1532 erbaute **Hoppener Haus** (Poststraße/Rundestraße), vor dem auch die Sprechenden Laternen stehen. Ältestes ist ein etwas windschiefes, grün getünchtes Haus (1526; Am Heiligen Kreuz 26). Weitere sehenswerte Fachwerk-Ensembles bietet vor allem die romantische **Kalandgasse.** Der Nordgiebel (1579) des **Alten Rathauses** (Urspr. um 1300) gilt als Meisterwerk der Weserrenaissance (Markt 14, Tel. 05141 12 33 46; Mo.–Fr. 9.00 bis 15.00 Uhr).

Ohne das **Schloss** besichtigt zu haben, ist ein Besuch Celles kaum vorstellbar. Im frühen 14. Jh. als einfache Burganlage errichtet, entstand hier eine Art Märchenschloss – seit Mitte des 15. Jh. für 300 Jahre Residenz der Herzöge von Braunschweig-Lüneburg. Sein bis heute erhaltenes barockes Antlitz erhielt das Welfenschloss Ende des 17. Jh. (Schlossplatz 1, Tel. 05141 12 45 15; Mai–Okt. Di.–So. 10.00–17.00 Uhr, sonst Di.–So. 10.00–16.00 Uhr, Führungen Mai–Okt. Di.– Fr. und So. 11.00, 13.00 und 15.00, Sa. 11.00, 12.00, 13.00, 14.00 und 15.00, sonst Di.–Fr. 12.00 und 14.00, Sa./So. 12.00, 13.00 und 14.00 Uhr). Angeschlossen ist das **Residenzmuseum,** in dem Besucher alles Wissenswerte über Europas ältestes Fürstenhaus, die Welfen, erfahren (Öffnungszeiten wie Schloss). Das **Schlosstheater** mit seinem eigenen Schauspielensemble ist Europas ältestes, regelmäßig bespieltes Barocktheater (www.schlosstheater-celle.de).

Nicht nur Pferdefreunde zieht es in das 1735 gegründete **Niedersächsische Landgestüt Celle** (Spörckenstraße 10, Tel. 05141 92 94 0, www.landgestuetcelle.de; Besichtigungen Mo. bis Do. 8.00–12.00, 13.00–16.00, Fr./Sa. 8.00 bis 12.00 Uhr.). Höhepunkt im Gestüts-Jahreslauf sind die Hengstparaden.

MUSEEN

Das **Celler Kunstmuseum** ist das erste 24-Stunden-Museum der Welt. Tagsüber ein „normales" Kunstmuseum (mit Werken u. a. von Joseph Beuys) wird es abends und in der Nacht zu einem Lichtkunstwerk (Schlossplatz 7, Tel. 05141 12 45 21, www.kunst.celle.de; Di. bis So. 11.00–17.00 Uhr; Lichtkunst ab Einbruch der Dämmerung).

Das **Bomann-Museum** (Schlossplatz 7, Tel. 05141 12 45 55, www.bomann-museum; Di. bis So. 11.00–17.00 Uhr) präsentiert Exponate zur Kulturgeschichte von Stadt und Land.

VERANSTALTUNGEN

Seit mehr als 40 Jahren treffen sich im März gut 10 000 Aktive und dreimal so viele Zuschauer zum **Celler Wasa-Lauf** (www.celler-wasa-lauf.de). Bei der **Celler Streetparade** im Juni ziehen Marching- und Brassbands swingend und groovend durch die Straßen. Ausgesprochen stimmungsvoll ist der **Weihnachtsmarkt** in der historischen Altstadt (Großer Plan).

HOTEL UND RESTAURANTS

Das **€ € € €** **Hotel Fürstenhof** mit der noblen Taverna & Trattoria **Palio** gehört zu den vornehmsten Etablissements in Norddeutschland (Hannoversche Straße 55/56, 29221 Celle, Tel. 05141 20 10, www.althoffcollection.com). Moderne Regionalküche bietet der Landgasthof **€ € €** **Allerkrug** (Alte Dorfstraße 14, Tel. 05141 8 48 94, www.allerkrug.de). Gute rustikale Küche genießt man in der **€ € € / € €** **Bier Akademie** (Weißer Wall 6, Tel. 05141 23 45 0, www.bierakademie-celle.de) und im **€ € € / € €** **Ratskeller** (Markt 14, Tel. 05141 2 90 99, www.rkcelle.de)

Celles Synagoge (links), Altes Rathaus und Marienkirche (rechts oben) sowie reich verziertes Hoppener Haus (rechts unten).

UMGEBUNG

Das frühere, um 1230 in **Wienhausen** gegründete **Zisterzienserkloster TOPZIEL** ist ein wahres Juwel norddeutscher Backsteingotik (14. Jh.). Das wohl bedeutendste der Heide-Klöster zeigt den gotischen Nonnenchor mit Decken- und Wandmalereien sowie gotische Bildteppiche (An der Kirche 1, Wienhausen, Tel. 05149 18 66 0, www.kloster-wienhausen.de; Führungen siehe Homepage).

Nationalsozialistische Gräueltaten dokumentiert die Gedenkstätte auf dem Gelände des ehemaligen **Konzentrationslagers Bergen-Belsen.** In dem Lager starben zwischen 1941 und 1945 rund 100 000 Menschen, darunter auch Anne Frank (Gedenkstätten Bergen-Belsen, Anne-Frank-Platz, Tel. 05051 47 59 0, https://bergen-belsen.stiftung-ng.de; April bis Sept. tgl. 10.00–18.00, sonst tgl. 10.00–17.00 Uhr).

INFORMATION

Celle Tourismus, Markt 14–16, 29221 Celle, Tel. 05141 70 95 11 95, www.celle.de/tourismus

2 Wietze

Wietze (8000 Einw.) im Aller-Leine-Tal ist vor allem durch die Förderung von Erdöl bekannt geworden und, seit der Stilllegung der Anlagen 1963, durch das Deutsche Erdölmuseum.

SEHENSWERT

Im Ortsteil Wieckenberg findet man die außergewöhnliche **Stecchinelli-Kapelle** (1699) – von außen betrachtet eher ein Fachwerk-Bauernhaus, im Inneren jedoch erstrahlt sie in barocker Pracht (Stecchinellistraße 2, Tel. 05146 84 43; geöffnet nach Vereinb.).

Tipp

Edle Rösser

Die traditionelle Celler Hengstparade findet an den beiden letzten Wochenenden im September statt und heißt inzwischen „Sommerfest im Landgestüt". Zahlreiche Aussteller aus den Bereichen Lebensart, Accessoires rund um Pferd und Hund, Mode, Kunst, Schmuck, Schönes für Haus und Garten präsentieren sich auf dem Gelände des Niedersächsischen Landesgestüts. Dazu sorgen zahlreiche Stände für das leibliche Wohl der Gäste. Höhepunkt ist und bleibt aber die Parade der stattlichen Celler Hengste.

INFORMATION

Tickets beim Niedersächsischen Landesgestüt Celle und in der Tourist Information Celle, www.landesgestuet celle.de

MUSEUM

Das **Deutsche Erdölmuseum** liegt mitten im historischen Ölfeld. Es umfasst ehemalige Produktionsstätten und weitere Exponate. Die 2023 komplett erneuerte Ausstellung informiert über die eher unbekannte Geschichte des Erdölfeldes (Schwarzer Weg 7, Tel. 05146 93 23 40, www.erdoelmuseum.de; Juli und Aug. tgl., sonst Di.–So. 10.00–17.00 Uhr).

INFORMATION

Gemeinde Wietze, Neue Mitte 1-3, 29323 Wietze, Tel. 05146 50 70, www.wietze.de/freizeit-tourismus

3 Walsrode

Mit Walsrode (30 000 Einw.) verbinden viele ein Autobahndreieck, andere den weltgrößten Vogelpark, der Millionen Besucher in die Heide lockt. Doch Walsrode hat mehr zu bieten. Sein Heide-Kloster, dessen Siedlung Ende des 14. Jh. Stadtrecht erhielt, ist das älteste seiner Art.

SEHENSWERT

Das **Kloster Walsrode** (heute ev. Damenstift) wurde bereits 968 erwähnt. Viele Kunstschätze wurden bei Bränden und Plünderungen zerstört; erhalten blieb u. a. eine Figur des Klosterstifters Walo (um 1300). Die heutigen Bauten stammen überwiegend aus dem 18. Jh. (Kirchplatz 2, Tel. 05161 48 58 38, www.kloster-wals rode.de; Führungen April–Okt. tgl. 15 Uhr).

Hübsch anzuschauen ist die kleine, weiß getünchte **St.-Georg-Kirche** (13. Jh.) im östl. Ortsteil Meinerdingen mit gotischem Gewölbe und einem hölzernen Glockenturm (Dorfallee; April–Okt. tgl. 9.00–18.00 Uhr).

ERLEBEN

Der **Weltvogelpark Walsrode** nördl. der Stadt gilt als größter seiner Art (s. auch S. 22; Am Vogelpark oder Ahrsener Straße, Walsrode, www.weltvogelpark.de; Mitte März–Okt. tgl. 10.00–17.00/18.00/19.00 Uhr).

MUSEUM

Das **Heidemuseum Rischmannshof** ist eines der ältesten Freilichtmuseen Deutschlands. Es präsentiert u. a. Exponate aus dem Leben von Hermann Löns (Hermann-Löns-Straße 8, Tel. 05161 481 08 87, www.heidemuseum-walsrode.de; April–Nov. Mi.–Sa. 10.00–12.30 und 13.00 bis 17.00, So. 13.00–17.00 Uhr).

Im Weltvogelpark Walsrode (links) und im Museumsdorf Hösseringen (rechts oben). Gedenkstätte Bergen-Belsen (rechts unten).

UMGEBUNG

Im **Serengeti-Park TOPZIEL** in Hodenhagen geht man mit dem eigenen Pkw auf Safari (s. auch S. 22; Am Safaripark 1, Tel. 05164 97 99 0, www.serengeti-park.de; Ende März–Anf. Nov. tgl. 10.00–17.00/18.00, im Juli und Aug. z.T bis 18.30 Uhr).

INFORMATION

Tourist-Information, Altes Rathaus, Lange Straße 20, 29664 Walsrode, Tel. 05161 78 97 4 82, www.vogelpark-region.de

4 Soltau

Als Militärstandort wurde das Heidestädtchen (21 000 Einw.; Stadtrecht 1388) Ende des Zweiten Weltkriegs schwer zerstört – der Wiederaufbau ging nicht ohne architektonische Entgleisungen der 1950er- und 1960er-Jahre vonstatten. Urlauber kommen eher wegen der umliegenden touristischen Attraktionen. Seinen Namen bekam Soltau wegen der hiesigen Solequelle. Reich wurden die Soltauer mit dem „weißen Gold" aber nie. Die Produktion über den Eigenbedarf hinaus und der Handel vom Mittelalter bis zur frühen Neuzeit war aufgrund des Lüneburger Salzmonopols verboten.

MUSEEN

Das **Spielzeugmuseum Soltau** (Poststraße 7, Tel. 05191 8 21 82, www.spielmuseum-soltau.de;

tgl. 10.00–18.00 Uhr) ist ein Paradies für Kinder und Junggebliebene. Das **Museum Soltau** (Poststraße 11, Tel. 05191 47 17, www.museum-soltau.de; Di.–So. 14.00–17.00 Uhr) zeigt u. a. eine stadt- und heimatgeschichtliche Sammlung. Das **Soltauer Salzmuseum** informiert über die Geschichte des Soltauer Salzstocks (Bahnhofstraße 6 und 17, Tel. 05191 1 80 45, www.salzmuseum-soltau.de; Juli–Sept. Mi., Sa. und So. 14.00–17.00, Mai und Juni Sa. und So. 14.00–17.00 Uhr).
Das **Felto** (Marktstraße 19, Tel. 05191 975 49 43, www.filzwelt-soltau.de; tgl. 10.00–18.00 Uhr) ist ein Erlebnis- und Mitmachcenter zum Thema Filz.

ERLEBEN

Das **Heide Park Resort** (s. auch S. 22; Heide Park 1, Tel. 01806 91 91 01, www.heide-park.de; April–Okt. Kernzeit tgl. 9.00–17.00 Uhr) gilt als einer der größten Freizeitparks Deutschlands.

EINKAUFEN

Im **Designer Outlet Soltau** (Harber Rahrsberg 7, Tel. 05191 60 28 0, www.designeroutletsoltau.com; Mo.–Sa. 10.00–20.00 Uhr) verkaufen über 80 Markenhersteller ihre Produkte.

INFORMATION

Soltau-Touristik, Am Alten Stadtgraben 3, 29614 Soltau, Tel. 05191 82 82 82, www.soltau-touristik.de

5 Müden an der Örtze

Müden (Urspr. 11. Jh.) zwischen Heide- und Waldflächen wird als einer der hübschesten Orte der Lüneburger Heide gesehen. Gut erhaltene Heidehöfe schmücken den Ortskern.

SEHENSWERT

Mit seinen Kopfsteinpflasterstraßen, uralten Bäumen und den historischen Backsteinhäusern ist Müden ein ländliches Gesamtkunstwerk. Mittendrin steht die **Laurentiuskirche** (Urspr. 12. Jh.) mit Taufbecken (Mitte des 14. Jh.) und hölzernem Glockenturm (Alte Dorfstraße 16, Tel. 05053 286; April–Okt. tgl. 10.00–18.00 Uhr). Sehenswert ist auch die historische Wassermühle (Urspr. 15. Jh.).

VERANSTALTUNG

Alljährlich im Juli findet in Müden der **Heidschnuckentag** statt.

UMGEBUNG

Das **Museumsdorf Hösseringen** (Landtagsplatz 2, 29556 Suderburg, Tel. 05826 17 74, www.museumsdorf-hoesseringen.de; Mitte März–Okt. Di.–So. 10.30–17.30 Uhr) bietet mithilfe seiner 27 hierher versetzten Bauten der Lüneburger Heide eine umfangreiche Sammlung zur Kulturgeschichte der Region.

INFORMATION

Tourist-Information,
Unterlüßer Straße 5, 29328 Müden/Örtze,
Tel. 05053 98 92 20

UNTERWEGS AUF DEM HEIDSCHNUCKENWEG

Der Heidschnuckenweg ist ein insgesamt rund 220 km langer Wanderweg, der die schönsten Heideflächen miteinander verbindet. Eingeteilt ist er in 13 Etappen, die natürlich auch alle einzeln erwandert werden können. Ab der 9. Etappe führt der Heidschnuckenweg, der wohl schönste Fernwanderweg Norddeutschlands, durch die Südheide.

Idealer Ausgangspunkt für die Tagesetappe oder auch für den Rest des Wegs in Richtung Celle ist Müden an der Örtze. Die rund 7 km nach Faßberg führen u. a. durch einen kleinen Zauberwald nahe dem Fluss – hier sollen sogar schon Biber gesichtet worden sein. Weiter geht es ab Faßberg durch den Wacholderwald bei Schmarbeck, eine interessante Sehenswürdigkeit am Wegesrand ist die „Erinnerungsstätte Luftbrücke Berlin“. Vom Haußelberg aus ist bei guter Sicht der Wilseder Berg zu sehen, auf der Südseite findet man einen der Vermessungssteine des Mathematikers, Astronomen und königlich hannoverschen Landesvermessers Carl Friedrich Gauß.

Unterwegs auf dem Heidschnuckenweg – die sechs Etappen von Müden nach Celle sind insgesamt 90 km lang.

Über die eher unbekannte, aber wunderschöne Oberoher Heide, die Misselhorner Heide, das Tiefental und schließlich durch längere Waldpassagen führt der Heidschnuckenweg in die einstige Residenzstadt Celle.

Gekennzeichnet ist der **Heidschnuckenweg** mit dem Symbol der Heidschnucke „Schnucki“ (oder mit einem weißem „H“ auf schwarzem Grund).

Unterwegs gibt es zahlreiche Möglichkeiten zum Einkehren. Genaue digitale Karten, Informationen u. a. zu Übernachtungsmöglichkeiten und Gepäcktransport findet man auf www.heidschnuckenweg.de.

WC
ServiceTeam

Von Uelzen nach Wolfsburg

ZEUGEN DES ZEITGEISTES

Volkswagen ist eine Weltmarke, und so ist das Stammwerk in Wolfsburg auch ein wichtiger Punkt auf der Weltkarte des 21. Jahrhunderts. Im Kloster Ebstorf fand man die größte Weltkarte aus dem Mittelalter, und in Uelzen steht ein Projekt der Weltausstellung des Jahres 2000.

Roter Backstein und Bauschmuck aus glasierter Keramik bestimmen das Innere von Uelzens Hundertwasser-Bahnhof.

Der 1888 in Betrieb genommene Bahnhof Uelzen stammt aus einer Zeit, in der mit Euphorie der technische Fortschritt betrieben wurde. Eine andere Sicht auf die Welt versuchte Friedrich Hundertwasser mit seinem Entwurf darzustellen – eine Umgestaltung hin zu einem „Umweltbahnhof" und „Kulturbahnhof".

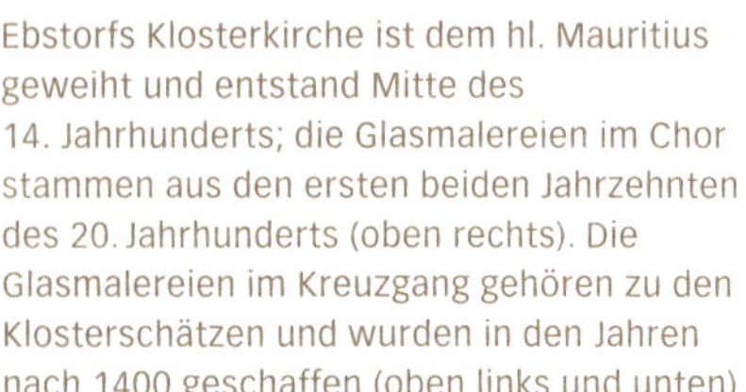
Ebstorfs Klosterkirche ist dem hl. Mauritius geweiht und entstand Mitte des 14. Jahrhunderts; die Glasmalereien im Chor stammen aus den ersten beiden Jahrzehnten des 20. Jahrhunderts (oben rechts). Die Glasmalereien im Kreuzgang gehören zu den Klosterschätzen und wurden in den Jahren nach 1400 geschaffen (oben links und unten).

In den Kurparknächten im Mai und September entsteht am Ilmenauufer von Bad Bevensen eine ganz besondere Atmosphäre mit Raum für mystische Illuminationen, aber auch für Musik, Gaukler und Clowns.

»DIE GERADE IST GOTTLOS. DIE GIBT'S IN DER NATUR GAR NICHT. (…) WIR MENSCHEN BRAUCHEN EINE MELODIE UNTER DEN FÜSSEN.«

Friedensreich Hundertwasser

Wenn man sich die neuere Geschichte des Städtchens Uelzen in der Lüneburger Heide so anschaut, dann fragt man sich: Warum folgen nicht andere Gemeinden dem leuchtenden Beispiel dieser Kleinstadt? Uelzen war, gelinde gesagt, unscheinbar und provinziell.

Seit im Jahr 2000 der Hundertwasser-Bahnhof eröffnet wurde, ist Uelzen gefühlt tausendmal so bekannt wie vorher. Jetzt ist es natürlich nicht so, dass überall in der Provinz Hundertwasser-Bahnhöfe eröffnet werden könnten – aber Uelzen ist ein Beispiel dafür, wie ein touristischer „Leuchtturm" weit über die Grenzen hinwegstrahlen kann.

In Uelzen traf es sich, dass der marode Bahnhof aus wilhelminischer Zeit sowieso modernisiert werden musste. Im Rahmen der EXPO 2000 entstand die Idee, den österreichischen Künstler Friedensreich Hundertwasser mit der Umgestaltung zu beauftragen; im Jahr der Weltausstellung begannen die Bauarbeiten nach den Plänen des Multitalents. Eine Herausforderung für die braven Handwerksleute aus der Lüneburger Heide – denn gerade Linien waren verpönt bei Hundertwasser. Kein Bauteil gleicht dem anderen, bunte Keramik-Säulen und goldene Kugeln zieren die Backstein-Fassade, das Vordach ist begrünt, fantasievolle Mosaike in allen er-

In zwei mächtigen Autotürmen warten bis zu 800 Neuwagen auf ihre neuen Besitzer. Die vollautomatischen Hochregale ermöglichen Volkswagen bis zu 500 Auslieferungen pro Tag.

DIE TRÜMMER NACH DEM ALLIIERTEN BOMBENHAGEL VOR AUGEN, KONNTE SICH 1945 KEIN MENSCH DIE BEVORSTEHENDE KARRIERE WOLFSBURGS VORSTELLEN.

denklichen Farben schmücken das Innere des Gebäudes, das seitdem eher an ein Märchenschloss als an einen Bahnhof erinnert. Wie sagte der Künstler: Wir Menschen brauchen eine Melodie unter den Füßen. Sogar das Stille Örtchen ist ein typisches Hundertwasser-Werk, der Waschbeckentisch hat die Form zweier Brüste. Der Ideenlieferant und Architekt Friedensreich Hundertwasser erlebte die Eröffnung des Kulturbahnhofs im Jahr 2000 übrigens nicht mehr, der gebürtige Wiener verstarb ein Dreivierteljahr zuvor während einer Schiffsreise vor der australischen Küste.

DESIGN-IKONEN ZUM SCHWELGEN

In Uelzen ist es ein Bahnhof, in Wolfsburg dreht sich (fast) alles um Autos. Wolfsburg ist VW. Wer das bezweifelt, der kann ja mal versuchen, Autos mit dem Kennzeichen WOB zu zählen, die nicht aus dem Hause Volkswagen stammen. Aber die VW-Stadt im dritten Jahrtausend ist nicht mehr nur eine Stadt mit rauchenden Fabrikschloten, sondern seit dem EXPO-Jahr 2000 auch eine Stadt mit den glitzernden Glastürmen der sogenannten Autostadt. In der Autostadt wohnen keine Menschen, sondern Autos. Die Menschen, die sie fahren wollen, können ihre Neuwagen in der Autostadt abholen, doch das macht inzwischen gerade einmal zehn Prozent der mehr als zwei Millionen Besucher aus, die das Erlebniscenter, das Museum, den Themen- und Freizeitpark jedes Jahr ansteuern – denn all das in einem ist die Autostadt in unmittelbarer Nähe des Werks. In den acht architektonisch unterschiedlich gestalteten Markenpavillons werden von Porsche und Lamborghini über Seat und Škoda bis hin zu den Nutzfahrzeugen die Produkte des VW-Konzerns aus- und vorgestellt. Auf dem Geländeparcours kann man Offroad-Qualitäten testen bzw. verbessern, und für Abholer eines Neuwagens wird zudem eine Werks-Führung angeboten.

Diesel-Skandal hin, Klimawandel her – Automobile faszinieren die Menschen anscheinend immer noch in besonderer Art und Weise. Vor allem dann, wenn es sich um so wunderschöne und legendäre Modelle handelt, wie im ZeitHaus ausgestellt. Nicht eben selten wird man dort Zeuge, wie die „besseren Hälften" versuchen, ihre vollkommen verzückten und entrückten Männer von den Design-Ikonen oder Oldtimern verschiedener Automarken loszueisen. Das ZeitHaus dürfte am ehesten die Bezeichnung Museum verdienen. Denn ansonsten sollte man sich schon darüber bewusst sein, dass es sich bei der Autostadt um ein „Brandland" handelt, was sinngemäß

In der Autostadt Wolfsburg präsentieren sich die Marken des Volkswagen-Konzerns in jeweils eigenen Pavillons – hier ein Bugatti Veyron in seinem Premium Clubhouse (links). Wolfsburger Phaeno: Feuertornados wie dieser können bei Waldbränden entstehen (rechts).

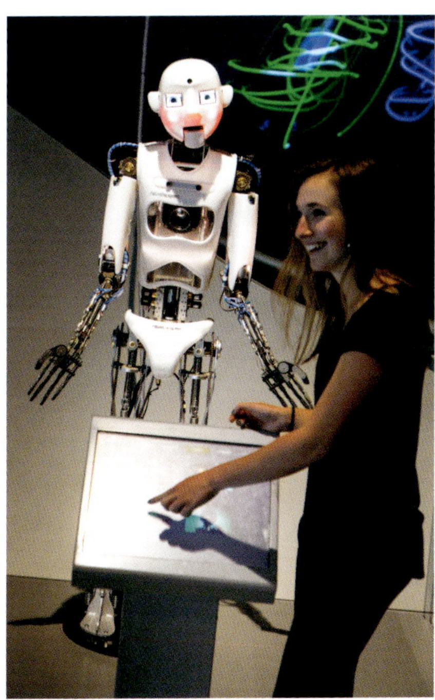

Einmal eigenhändig einen Roboter nach seiner Pfeife tanzen lassen, im Wolfsburger Phaeno ist auch das möglich.

Produktion im Wolfsburger VW-Werk: Eingehängt in ein Drehgehänge lassen sich überall am entstehenden Fahrzeug bequem Teile montieren.

Der teilweise noch von Fachwerk gesäumte Steinweg durchzieht die Altstadt Gifhorns und dient mittwochs und samstags einem Wochenmarkt als Kulisse.

Seit 1977 wächst auf einem riesigen Areal am Gifhorner Mühlensee das Internationale Wind- und Wassermühlen-Museum mit vielen Modellen und großen Mühlen aus aller Welt. Einige sind Originale, andere wurden nachgebaut – darunter Mühlen aus Griechenland (Mitte) und von Mallorca (links).

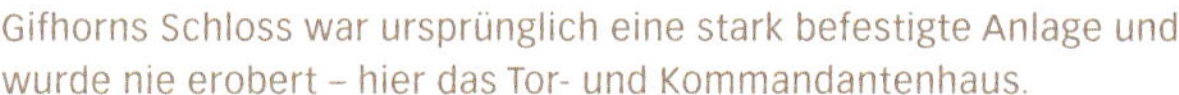

Gifhorns Schloss war ursprünglich eine stark befestigte Anlage und wurde nie erobert – hier das Tor- und Kommandantenhaus.

Am Dorfplatz des Gifhorner Mühlen-Museums erwartet ein Müller- und Backhaus mit selbst gebackenem Brot und Kuchen die Besucher.

GLEICH HINTER GIFHORNS FACHWERKALTSTADT UND SEINEM WASSERSCHLOSS BEGINNT DIE WELT DER MÜHLEN.

übersetzt „Markenwelt“ bedeutet. Und so sehr sich die Besucher dort auch amüsieren mögen – letztendlich will die Autostadt die Marken unter dem VW-Dach noch bekannter und beliebter machen – logischerweise mit dem Ziel, dass noch mehr Menschen eines dieser Autos kaufen.

DIE ERDE IST EINE SCHEIBE

Im 13. Jahrhundert gab es bekanntlich noch keine Autos. Ins Kloster Ebstorf, zwischen Lüneburg und Uelzen gelegen, reiste man deutlich unkomfortabler. Und die Sicht auf die Welt sowie das Wissen von der Welt war auch noch eine andere. Wie die „Mappa mundi“, die riesige, aus 30 Pergamentblättern zusammengenähte Weltkarte des Klosters beweist. Das außergewöhnliche Stück mittelalterlicher Zeitgeschichte wurde 1830 von der Stiftsdame Charlotte von Lasberg zufällig in einer feuchten Kammer des Klosters wiederentdeckt. Die Mäuse hatten das gute Stück ein wenig angefressen, das heutige Indien war aus unerfindlichen Gründen herausgeschnitten worden und der Nordwesten Europas nicht mehr vollständig erkennbar. Was jedoch wunderbar zu erkennen war: Die Erde auf der knapp 13 Quadratmeter großen Ebstorfer Weltkarte ist eine Scheibe – kreisrund, von Meeren umschlossen und mit Jerusalem als Mittelpunkt der Welt. Die mehr als 1500 bunten Zeichnungen auf der größten und inhaltsreichsten Karte aus dem Mittelalter stellen Menschen und Tiere dar, fantasievolle Fabelwesen bevölkern die fernen Länder, und ganz im Osten der Welt – am oberen Rand der sogenannten Radkarte – liegt das Paradies. Aber auch andere biblische Motive, wie die Arche Noah und der Turmbau zu Babel sind darauf zu finden. Dass die Karte hier im Kloster erstellt wurde, lässt sich auch daran erkennen, dass der Norden Deutschlands mit Bremen als Bischofssitz, Braunschweig und Lüneburg recht prominent abgebildet wurde – wie auch das Kloster „Ebbekestorpe“ selbst. Ebstorf war ab dem 13. Jahrhundert ein bekannter Wallfahrtsort; einer Legende zufolge sollen dort mehrere Märtyrer begraben sein. Das Original der Weltkarte fiel 1943 während eines Bombenangriffs den Flammen zum Opfer, weil sie im Keller des Staatsarchivs von Hannover lagerte. Gottlob hatte man bereits 1891 schwarz-weiße Kopien angefertigt, die später koloriert wurden. Eine der vier originalgroßen und originalgetreuen Karten auf Ziegenlederpergament befindet sich heute wieder im Ebstorfer Kloster und ist im Rahmen einer Führung zu bewundern.

ZUR **SACHE**

Von der „Stadt des KdF-Wagens" zur VW-Stadt Wolfsburg

UNTER WÖLFEN

Über Wolfsburg gibt es die Anekdote, dass ein Fußballprofi einst zum VfL Wolfsburg wechseln wollte. Seine Frau bat ihn angeblich unter Tränen, nicht dorthin zu wechseln – weil ihr die Stadt zu hässlich sei. Nun muss man dabei berücksichtigen, dass ihr Mann aus der Weltstadt Hamburg zu den „Wölfen" wechseln wollte und dass es zu einer Zeit war, in der es weder die „Autostadt" noch das Phaeno gab und der VfL Wolfsburg 1997 gerade aufgestiegen war in die Bundesliga.

Wolfsburg ist immer noch nicht schön im herkömmlichen Sinne, aber eine der agilsten und interessantesten Städte im Norden. Eine Stadt, in der man vergeblich nach einem historischen Zentrum sucht, schließlich wurde sie erst am 1. Juli 1938 logistisch günstig am Nordufer des Mittellandkanals als „Stadt des KdF-Wagens bei Fallersleben" gegründet.

Adolf Hitler plante auf diesem Areal die Errichtung einer Automobilfabrik, die nicht nur die Massenmotorisierung voranbringen sollte, sondern wegen des zwar hohen, aber dennoch vergleichsweise günstigen Kaufpreises des „Kraft durch Freude-Wagens" zugleich ein propagandistischer Coup war.

Bezogen auf die monumentale Schaufront des Werkes, in dem das später Volkswagen genannte Fahrzeug gebaut werden sollte, wurde am jenseitigen Ufer des Kanals der Neubau einer Stadt für bis zu 90000 Einwohner konzipiert. Hitlers Leib- und Magenarchitekt Albert Speer erhielt den Auftrag dazu, übergab das Projekt samt konkreter Führer-Vorstellungen dazu aber an den „Parteigenossen" Peter Koller. Doch bereits ein gutes Jahr später begann der Zweite Weltkrieg. Das VW-Werk wurde für die Rüstungsindustrie gebraucht, statt des Volkswagens wurden vornehmlich Kübel- und Schwimmwagen und andere Kriegstechnik produziert. Und statt der Volksgenossen bezogen Tausende von Zwangsarbeitern die Barackensiedlungen – sie stellten zeitweise zwei Drittel der Mitarbeiter, und erst in den 1990er-Jahren stellte sich VW seiner Verantwortung für diese menschlichen Tragödien. Seit 1999 gibt es eine dem Thema gewidmete Dauerausstellung.

Das Kraftwerk ist eines der frühesten Industriebauten des Volkswagenwerkes; es spiegelt die Monumentalität des ursprünglichen Bauplans (linke Seite). Der erste „Käfer" in der Autostadt, Produkt-Basis des heutigen Weltkonzerns (unten).

HINÜBER IN NEUE ZEITEN

Die hochtrabenden Pläne einer nationalsozialistischen „Lehrstätte der Stadtbaukunst" als Gegenentwurf zum „zersetzenden Kulturbolschewismus", beispielsweise der Bauhausbewegung, wurden kaum umgesetzt – keine Aufmarschplätze, keine Parteizentrale, keine modern ausgestatteten Stadtwohnungen. Massive Steinbauten gab es allenfalls in der Waldsiedlung Steimker Berg, am Schillerteich und im Stadtteil Wellekamp, gebaut für Parteimitglieder und die leitenden VW-Angestellten. Von den 24000 geplanten Wohneinheiten waren nur knapp 3000 fertiggestellt.

Nach Kriegsende 1945 dominierten zunächst die Barackensiedlungen die Stadt, die nun auf Wunsch der britischen Besatzer den Namen Wolfsburg trug, benannt nach dem gleichnamigen Schloss am Allerufer. Parallel zur Wiederinbetriebnahme und zum Wiederaufbau des VW-Werkes, begann – zunächst schleppend, dann ab 1955 zügig – der Ausbau zu einer Großstadt. Maßgeblich mitverantwortlich für die Gestaltung des modernen Wolfsburgs zeichnete als Stadtbaurat übrigens genau jener Peter Koller, der schon für die Nazis die Wohnanlagen entworfen hatte.

In den späten 1960er-Jahren – mittlerweile gab es auf der Welt kaum eine Region, in die keine „Käfer" exportiert wurden – entstand der Allerpark, ein paar Jahre später das Theater nach Plänen von Hans Scharoun. Die Einwohnerzahl war inzwischen auf rund 130000 gestiegen – rund die Hälfte von ihnen arbeitete in dessen besten Zeiten im VW-Werk.

Neben dem „Käfer" ist der nach gleichem technischen Konzept seit 1950 gebaute Transporter Symbol des deutschen Wirtschaftswunders der 1950er-Jahre.

WOLFSBURG, DER PHOENIX

Kaum eine andere Stadt in Deutschland war und ist wohl so durch ein Unternehmen geprägt wie Wolfsburg. In den vergangenen rund 20 Jahren entstanden die neue Volkswagen Arena (2002), die Experimentierlandschaft Phaeno (2005) und vor allem die Autostadt (2000), 2009 wurde der VfL Deutscher Meister. Danach schlossen sich echte Superstars dem Werksklub an – weil es unter der schützenden Hand des Konzerns viel Geld zu verdienen gab und immer noch gibt. Und weil Wolfsburg schon längst nicht mehr so hässlich ist, wie es angeblich einmal war.

Medingen
Bad Bevensen
Dannenberg (Elbe)
Elbhöhen-
UELZEN
Hundertwasserbhf.
Ebstorf
Niedersächs. Mühlenstr.
Harz-Heide-Str.
Rosche
Niedersächs. Spargelstr.
Lüchow
Clenze
Rundling
Wustrow
Suderburg
Wrestedt
Hösseringer Heide
Landtagsplatz
Landwirtschaftsmuseum Lüneburger Heide
Wierener Berge
Bad Bodenteich
Salzwedel
Deutsche Fachwerkstr.
Straße der Romanik
Hankensbüttel
Kloster
Wittingen
Diesdorf
Freilichtmuseum
Wallstawe
Kuhfelde
Beetzendorf
Brome
Bickelsteiner Heide
VW-Werkversuchsgelände
Erholungsgebiet Bernsteinsee
Großes Moor
Boldecker Land
Naturpark Drömling
Mühlenmuseum
Wasserschloss
GIFHORN
Deutsche Ferienroute Alpen-Ostsee
Barnbruch
Werder
Mittellandkanal
Oebisfelde
WOLFSBURG
VW-Autostadt
Badeland
WOB-Mörse-Nord
Papenteich
Viehmoor
Maßstab 1:300.000
0 3 6km

ÜBERRASCHUNGEN IM BAUERNLAND

Während im überregional für seine Zuckerfabrikation bekannten Uelzen ein Bahnhof von Friedensreich Hundertwasser für Furore sorgt, steht Wolfsburg ganz im Zeichen des Automobils. Die jüngste Stadt der Region ist nicht schön im herkömmlichen Sinne, hat aber einiges an Kultur und Attraktionen zu bieten.

1 Bad Bevensen

Seine verhältnismäßig großzügigen Straßen hat Bad Bevensen (9000 Einw.) einem Großbrand 1811 zu „verdanken". Zur Zeit der Besatzung durch die Franzosen Napoleons wurde die Altstadt neu geplant und präsentiert sich heute hell und freundlich im Fachwerk-Gewand. Die meisten Gäste kommen allerdings wegen des umfangreichen Gesundheitsangebots der Jod-Sole-Therme in das mittlerweile 1000-jährige Städtchen.

SEHENSWERT

Einige Häuser haben den Brand überstanden, wie das **Handelshaus** (1683) im Bäckergang und das 1608 erbaute Haus an der Ecke Bergstraße/Bäckergang. Das wohl schönste Fachwerkhaus der Stadt ist die 1798 erbaute **Ratsapotheke** an der Ecke Lüneburger Straße/Krummer Arm. Den **Kurpark** kann man auf einem 1,5 km langen Rundgang erkunden. An 14 Stationen findet man jeweils eine Kurzbeschreibung, aber auch einen QR-Code, über den man Wissenswertes über Bad Bevensen und den Park erfährt. Berühmtester Bewohner Bad Bevensens ist das Eichhörnchen Hans-Hermann, das seit Jahren im Kurpark umherflitzt. Die Touristiker vermarkten das überaus beliebte Tierchen seit Jahren als Botschafter; Hans-Hermann ziert Tassen, Regenschirme und Fahrradklingeln.

AKTIVITÄTEN / ERLEBEN

Die **Jod-Sole-Therme** bietet ein umfangreiches Wellness-Angebot im Spa & Vital Center sowie vielfältiges Badevergnügen in verschieden temperierten Becken. Besonders zu empfehlen sind die Saunen in der Sole- und SalzWelt (Dahlenburger Straße 3, Tel. 05281 57 76, www.jod-sole-therme.de; Mo.–Sa. 9.00–22.00, So. 9.00–20.00, Sauna ab 9.30 Uhr).

VERANSTALTUNGEN

Bei den Wandel-Nächten im Kurpark Bad Bevensen (ehemals Kurparknächte) verwandeln Kunstobjekte, Musik und Illuminationen den Kurpark an der Ilmenau eine Woche lang im September in eine überaus bunte Zauberlandschaft.

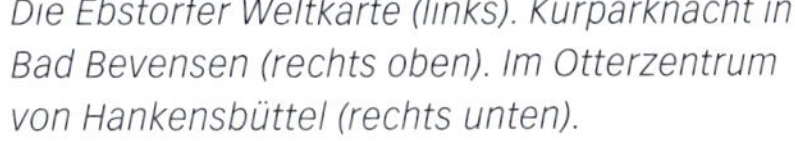

Die Ebstorfer Weltkarte (links). Kurparknacht in Bad Bevensen (rechts oben). Im Otterzentrum von Hankensbüttel (rechts unten).

UMGEBUNG

Um 1230 als Zisterzienserinnenkonvent gegründet, ist **Kloster Medingen** (2 km nördl.) heute der einzige Klosterneubau in Norddeutschland, nachdem sich der Protestantismus durchgesetzt hatte. Die nach einem Brand 1781 entstandene frühklassizistische Anlage (1788) mit der Klosterkirche St. Mauritius in der Mitte wird bis heute als ev. Damenstift genutzt (Klosterweg 1, Tel. 0151 59 14 04 72; www.kloster-medingen.de; Führungen April–Mitte Okt. Di.–Sa. tgl. 14.00 Uhr).

INFORMATION

Tourist-Information, Dahlenburger Straße 1, 29549 Bad Bevensen, Tel. 05821 97 68 30, www.bad-bevensen.de

2 Uelzen

Uelzen (33 500 Einw.) darf seit 2016 wieder den Titel „Hansestadt" tragen. Damit ist sie neben Lüneburg, Buxtehude und Stade eine von vier Hansestädten in Niedersachsen. Die Altstadt wurde im Zweiten Weltkrieg weitgehend zerstört. Einige schöne Fachwerkhäuser stehen noch in der Lüneburger Straße sowie in den Straßen rund um den Schnellenmarkt.

SEHENSWERT

Der vom österreichischen Künstler Friedensreich Hundertwasser (1928–2000) umgestaltete **Bahnhof** TOPZIEL ist der Touristenmagnet der Stadt. Merkmale dieses Werks sind einmal mehr die Farbvielfalt und der Verzicht auf gerade Linien (Tel. 0581 389 04 89, www.hundertwasserbahnhof.de; Führungen tgl. 11.00 Uhr).
Vom Bahnhof aus führt der **Weg der Steine** in die Innenstadt, vorbei an 21 bunten Skulpturen der deutsch-schwedischen Künstlerin Dagmar Glemme. Dort ist die gotische **Marienkirche** kaum zu übersehen (1292), in dessen Inneren u. a. der Schnitzaltar (1506) und der barocke Orgelprospekt von 1756 bemerkenswert sind.

VERANSTALTUNGEN
Beim Uelzener **Weihnachtszauber** (www.uelzener-weihnachtszauber.de) öffnet sich in der Adventszeit tgl. um 18 Uhr am Rathaus ein Fenster im größten Adventskalender Deutschlands. Das Türchen am 23. Dezember öffnet stets der niedersächsische Ministerpräsident.

UMGEBUNG
Das **Kloster Ebstorf** TOPZIEL (Urspr. 1160), eines der sechs Heideklöster, liegt 15 km nordw. im Schwienautal. Der Bau im Stil der norddeutschen Backsteingotik ist vor allem durch seine Weltkarte aus dem 13. Jh. bekannt (Kirchplatz 10, Tel. 05822 2304, www.kloster-ebstorf.de; Führungen April–Okt. Di., Do., Sa., So. um 14 Uhr).
Bis Ende 2019 beherbergte das **Holdenstedter Schloss** (5 km südl.; überw. um 1705) das Uelzener Heimatmuseum, das u. a. eine Sammlung zur Stadtgeschichte und Exponate zur Wohnkultur zeigte. 2019 wurde es verkauft, das Schloss wird zu einer Seniorenresidenz umgebaut. Der Schlosspark bleibt für die Öffentlichkeit zugänglich, das Museum zog in die Räume der ehemaligen Stadtsparkasse in der Innenstadt und wurde im Sommer 2023 als **Uelzen-Museum** eröffnet (www.museumsverein-uelzen.de/museum.html).

INFORMATION
Stadt- und Touristinformation im Rathaus der Hansestadt Uelzen, Herzogenplatz 2, 29525 Uelzen, Tel 049581 800 6172, https://kts-uelzen.de/tourismus

Tipp

Uelzen Open R

Allen Musikfans, denen das Hurricane-Festival in Scheeßel zu gigantisch geworden ist und das in Wacken zu hart, seien die drei Tage „Uelzen Open R" ans Herz gelegt. In den vergangenen Jahren traten hier Weltstars wie Elton John und Sting oder deutsche Topacts wie „Die Ärzte", Sarah Connor und Silbermond auf.

INFORMATION
Neue Töne Veranstaltungs GmbH, Eschemannstraße 5, 29525 Uelzen, https://openrfestival.de

3 Hankensbüttel

Das gut 1000-jährige Hankensbüttel (4500 Einw.) ist Standort des bekannten Otter-Zentrums am Isenhagener See, der in den 1960er-Jahren durch die Erweiterung der klösterlichen Fischteiche entstanden ist.

SEHENSWERT
In dem Naturerlebnis- und **Otter-Zentrum** können sich Besucher auf die Spuren der vom Aussterben bedrohten Otter und seiner „Kollegen", dem Dachs, dem Hermelin und verschiedenen heimischen Marderarten, begeben (Sudendorfallee 1, Tel. 05832 98 08 0, www.otterzentrum.de; April–Ende Okt. 9.30 bis 18.00, Febr., März und Nov. bis 17.00 Uhr; mehrfach am Tag Fütterungen).
Kloster Isenhagen, ein 1345 gegründetes ehem. Zisterzienserinnenkloster, erlaubt interessante Einblicke in die Abläufe des früheren Klosterlebens. Sehenswert sind insbesondere der Kreuzgang und die wertvollen textilen Kunstwerke (Klosterstraße 2, Tel. 05832 313, www.kloster-isenhagen.de; Führungen April bis Mitte Okt. Di.–So. 14.30–17.00 Uhr).

INFORMATION
über Tourist-Information Gifhorn, www.suedheide-gifhorn.de

Gifhorner Schlosskirche (links). Betonskulptur phaeno in Wolfburg (rechts oben). Autowelt und Kraftwerk von Volkswagen (rechts unten).

4 Gifhorn

Einst strategisch an einer Kreuzung der Salzstraße von Lüneburg nach Braunschweig und der Kornstraße von Magdeburg nach Celle gelegen, kam Gifhorn (42 000 Einw.) bereits im Mittelalter zu Wohlstand. Allzu viele der einst prächtigen Fachwerkhäuser sind nach diversen Bränden allerdings nicht mehr übrig geblieben. Heute spürt man vor allem die Nähe zu VW in Wolfsburg, zahlreiche Unternehmen aus der Zuliefererbranche haben hier ihren Sitz.

SEHENSWERT
Das von einem Wassergraben umgebene **Welfenschloss** stammt aus der Weserrenaissance (16. Jh.) und beherbergt Kreisverwaltung und Historisches Museum. Unwesentlich älter als das Schloss sind das **Kavalierhaus** (1546; www.kavalierhaus-gifhorn.de; Sa. und So. 15.00–17.00 Uhr) mit einer Museumswohnung (Wohnkultur des 20. Jh.) und das 1562 errichtete frühere **Rathaus** (Cardenap 1; heute Restaurant). Am Markt liegt die **Nicolaikirche,** ein Beispiel des protestantischen Barock (1733 bis 1744). Das **Höfersche Haus** (Steinweg 2) entstand 1570 als Kauf- und Handelshaus.

MUSEEN
Der museale Höhepunkt Gifhorns liegt jenseits des Mühlensees und nördl. vom Schloss: das **Internationale Mühlenmuseum** (Bromer Straße 2, Tel. 05371 5 54 66, www.muehlenmuseum.de; Mitte März–Okt. tgl. 10.00–18.00 Uhr). Das Freilichtmuseum beherbergt u. a. 14 Originalmühlen aus elf Ländern.
Im Kommandantenhaus und in der Schlosskirche befindet sich das **Historische Museum Schloss Gifhorn** mit Exponaten zur Ur- und Frühgeschichte sowie zur Stadtentwicklung und Naturkunde (Schlossplatz 1, Tel. 05371 945 91 11, www.museen-gifhorn.de; Di.–Fr. 14.00–17.00, Sa. und So. 11.00–17.00 Uhr).
Auf dem Gelände des ehemaligen Glockenpalasts mit seinen 50 goldenen Kuppeln eröffnete im März 2023 das **Classic Superbikes Motorrad Museum**. Zu sehen sind mehr als 100 Straßenmotorräder und Rennmotorräder aus der Zeit von 1970 bis Anfang der 2000er-Jahre (Bromer Straße 2a, Tel. 05371 81 30 93, www.classic-superbikes.com; Ende März–Okt. Di. bis So. 10.00–17.00 Uhr).

INFORMATION
Touristinformation Gifhorn, Marktplatz 1 (Eingang Cardenap), 38518 Gifhorn, Tel. 05371 93 78 80, www.suedheide-gifhorn.de

5 Wolfsburg

Wolfsburg (126 000 Einw.) wird voll und ganz von VW dominiert. Zwar wurde der Name

VOLKSWAGEN WAR BIS 2020 DER GRÖSSTE FAHRZEUGHERSTELLER DER WELT. PRODUZIERT WIRD IN ÜBER 20 LÄNDERN.

Wolfsburg bereits im frühen 14. Jh. erstmals als Sitz eines Adelsgeschlechts erwähnt, die Stadtgeschichte begann aber erst 1938 mit der Gründung des Volkswagenwerks und der „Stadt des KdF-Wagens bei Fallersleben". Erst nach Kriegsende erhielt die Stadt den Namen Wolfsburg – und eine erste Kirche. Adolf Hitler hatte bestimmt, eine Stadt ohne Gotteshäuser zu bauen. Wolfsburgs Zentrum gilt daher als „Museum modernen Kirchenbaus".

SEHENSWERT

Touristenmagnet Nummer eins ist die **Autostadt TOPZIEL**. Hier können Kaufwillige ihren neuen Volkswagen abholen, vor allem aber ist der Komplex ein gigantischer Freizeitpark mitsamt Automuseum und Design-Ausstellungen, in das seit der Eröffnung mehr als 35 Mio. Besucher geströmt sind (Stadtbrücke 40, Tel. 0800 288 67 82 38, www.autostadt.de; tgl. außer Heiligabend und Silvester 9.00–18.30, Abholer-Welt 7.30–18.00 Uhr). **Werks-Touren** durch das Volkswagenwerk gibt es 90-minütig „intensiv" und 60-minütig „kompakt" (https://www.volkswagen.de/de/marke-und-erlebnis/werkbesichtigung/werk-wolfsburg.html).

MUSEEN

Das **phaeno** ist ein Science Center mit einer Experimentierlandschaft, die nicht nur Kinder begeistert. Die Dauerausstellung in dem von der 2016 verstorbenen Stararchitektin Zaha Hadid entworfenen Gebäude ist unterteilt in die Bereiche Leben, Sehen, Energie, Dynamik, Spürsinn und Mathematik (Willy-Brandt-Platz 1/An der Vorburg 1, Tel. 05361 89 01 00, www.phaeno.de; Di.–Fr. 9.00–17.00 Uhr, Sa./So. und in den Schulferien 10.00–18.00 Uhr).
Das **Kunstmuseum Wolfsburg** zeigt Wechselausstellungen zeitgenössischer und moderner Kunst (Hollerplatz 1, Tel. 05361 26 69 0, www.kunstmuseum-wolfsburg.de; Di.–So. 11.00–18.00 Uhr). Unter dem Motto „Geschichte quicklebendig" widmet sich das **Stadtmuseum** im M2K der Baugeschichte des über 700 Jahre alten Schlosses sowie der jungen Stadtgeschichte Wolfsburgs.
Ebenfalls im M2K ist das **Hoffmann-von-Fallersleben-Museum**, das sich dem Leben des deutschen Dichters (1798–1874) widmet, der 1841 den Text der deutschen Nationalhymne verfasste (Stadtmuseum im M2K, Remisen, Schloßstraße 8, 38448 Wolfsburg, Tel. 05361 2810 40, www.wolfsburg.de/kultur/museen/stadtmuseum; Mi.–Fr. 10.00–17.00, Sa. 13.00 bis 18.00 und So. 11.00–18.00 Uhr).

HOTEL UND RESTAURANT

Luxuriöser geht es nicht in der Region als im **€ € € € RitzCarlton** mit seinem Restaurant **Aqua**,das seit 2009 mit drei Michelin-Sternen dekoriert ist (Parkstraße 1, 38440 Wolfsburg, Tel. 05361 60 70 00, www.ritzcarlton.com).

INFORMATION

Tourist-Information Wolfsburg (gegenüber vom Hauptbahnhof im Wolfsburg-Store), Willy-Brandt-Platz 4, 38440 Wolfsburg, Tel. 05361 89 99 30, www.wolfsburg-erleben.de

PADDELN AUF DER ILMENAU

Die Ilmenau entsteht bei Uelzen durch den Zusammenfluss von Gerdau und Stederau und fließt von hier aus in Richtung Lüneburg. Rund 85 km weiter nördlich mündet der größte Heidefluss dann in die Elbe. Als schöne Tagestour mit dem Kanu bietet sich die Strecke von Uelzen bis Bad Bevensen an.

Das Paddeln auf der Ilmenau ist bestens für Anfänger und Familien geeignet, mit Stromschnellen ist nicht wirklich zu rechnen – die durchschnittliche Fließgeschwindigkeit beträgt 4 km/h. Einige kleine sogenannte „Schwälle" dürften auch für Kanu-Anfänger kein Problem sein. Einstiegsorte für die gut 20 km lange Strecke nach Bad Bevensen via Emmendorf, Walmstorf, Nassennottorf, Jastorf und Klein Bünstorf sind entweder am Kanuclub Uelzen oder an der Außenmühle in Uelzen, wo man das Kanu an einer Bootsrutsche zu Wasser lassen kann, wenn es der Wasserstand zulässt.

Die Ilmenau schlängelt sich zunächst durch Wiesen und Felder, hinter Nassenottorf unterquert man erstmals den Elbe-Seiten-Kanal, rund 2,5 km weiter passiert man zum zweiten Mal eine Kanalbrücke. An der Brücke bei Klein Bünstorf dann findet man einen Steg, an dem man gut eine Pause machen kann, obwohl es nicht mehr weit ist bis zum Ziel in Bad Bevensen – unweit der Anlegestelle liegt nämlich eine schöne Heidefläche. In Bad Bevensen steigt man im schönsten Kurpark der Lüneburger Heide aus, direkt hinter der Fußgängerbrücke.

Bei **Heide Kanu** (Matthias Schrenk, Marxener Straße 23, 21385 Oldendorf, Tel. 04132 93 39 33 oder 0162 795 35 09, www.heide-kanu.de) kann man Boote, wasserdichte Gepäcktonnen und Schwimmwesten telefonisch reservieren. Am Zielort wird man dann wieder abgeholt.

Gleiches gilt für den Anbieter **Kanu aktiv** (Kirchplatz 4, 29553 Bienenbüttel, Tel. 05823 95 53 39 oder 0179 217 89 99, www.kanuaktiv.de). Kanu aktiv bietet zudem geführte Paddel- und Pedal-Touren nach ostfriesischem Vorbild an – also kombinierte Kanu- und Radwanderungen.

Interessante Naturführungen

AM PULS VON FLORA UND FAUNA

Die Lüneburger Heide ist eine wunderschöne Landschaft, aber auch eine Kulturlandschaft mit einer erstaunlichen Geschichte. Alles Wissenswerte dazu erfährt man von den Guides auf Naturführungen durch die Heidelandschaft, aber auch durch die Moore und Wälder, zu Besuch bei Bienen und Heidschnucken, Lamas und Bisons.

1 Heidschnuckenwanderung

Heidschnucken sind das Symboltier der Lüneburger Heide, aber meistens sieht man sie nur aus der Ferne. Auf dem Heidschnuckenhof Niederohe ist das anders. Dort kann man sich gemeinsam mit dem Schäfer und der Herde auf eine Wanderung begeben. Natürlich erzählt der Experte während der rund dreistündigen Tour alles Wissenswerte zur Heidewirtschaft. Wem das nicht reicht, im Angebot ist sogar die Möglichkeit, Schäfer und Schnucken einen ganzen Tag lang zu begleiten. Nach der Wanderung mit den Heidschnucken geht es zurück auf den Hof, wo die Teilnehmer regionale Produkte probieren und kaufen können.

Hof Niederohe, Niederohe 5, 29348 Faßberg, Tel. 05827 74 49, www.heidschnuckenhof-niederohe.de

2 Lama-Trekking

Wandern durch die Heide, schön und gut, aber das machen fast alle. Wer etwas ganz Besonderes sucht, der wird in Amelinghausen fündig und schließt sich dem Treck der Lamas durch die Heide an. Richtig gelesen: Lamas. Die Tiere, eigentlich in den Anden zu Hause, übernehmen den Transport des Gepäcks, während die „Lama-Hirten", auch „Llameros" genannt, allerlei Wissenswertes über die Heide zu erzählen wissen. Im Angebot sind Schnupper-Touren, vierstündige Halb- und Ganztages-Touren (mit Picknick) sowie Mehrtages-Touren mit Übernachtung. Die Halbtagestouren führen in die Oldendorfer Totenstatt oder ins Marxener Paradies. Die Zweitages-Tour führt entlang der Lopau, die Dreitagestour ins Wendland, wo mit der Göhrde das größte Waldgebiet Norddeutschlands erkundet wird. Und keine Sorge: Angespuckt wird man als Mensch von den friedlichen Tieren so gut wie nie.

Heide-Lama-Trekking, Dietmar Preißler, Gärtnerweg 8, 21385 Amelinghausen, Tel. 160 94 98 62 82, https://heide-lama-trekking.jimdo.com

3 Pietzmoor

Schaurig-schön geht es im Pietzmoor bei Schneverdingen zu. Das Heidemoor ist eine der reizvollsten Landschaften in der Region, geheimnisvoll, ganz besonders in der Dämmerung ein Erlebnis. Die hier ansässige Kreuzotter dürfte sich in der Dämmerung verkrochen haben, doch auch dann gibt es genug zu sehen und dank der Infotafeln am Wegesrand auch einiges zu lernen. Das rund 2,5 km² große Areal entstand vor 8000 Jahren und war durch intensive Nutzung stark gefährdet. Inzwischen wird das renaturierte Kleinod mit seiner besonderen Flora und Fauna gehegt und gepflegt und ist für Besucher von den beiden 5,5 beziehungsweise 6,6 km langen Bohlenwegen aus zu erleben. Im Pietzmoor heimisch sind neben dem Wollgras u. a. der Sonnentau, die Glockenheide, das Torfmoos. Kraniche suchen hier nach Nahrung, Frösche quaken, Libellen surren herum, und in den Birken sitzen Sumpfohreulen, die im besten Fall die mystische Stimmung akustisch untermalen.

Schneverdingen Touristik, Rathauspassage 18, 29640 Schneverdingen, Tel. 05193 93 80 0, www.heidenlust.de; Abendführungen April–Okt., während der Wollgrasblüte im April und Mai ist die Nachfrage besonders groß.

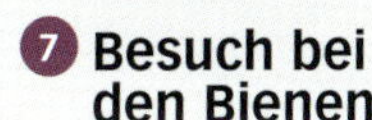

4 Wildpark Lüneburger Heide

Können Stachelschweine ihre Stacheln abschießen? Das kennt wahrscheinlich jeder. Die Oma hat es erzählt, und man glaubt es sein Leben lang. Wenn nicht einer kommt und den Irrtum ausräumt. Das tun die Experten im Wildpark Lüneburger Heide auf der Führung „Irrtümer aus der Tierwelt". Kann am Geweih eines Hirsches oder am Horn eines Steinbocks das Alter abgelesen werden? Krabbeln Ohrwürmer in Ohren? Ist der Bär ein Fleischfresser? Solche und ähnliche Fragen bleiben nicht ungeklärt.

Wildpark Lüneburger Heide, Wildpark 1, 21271 Nindorf-Hanstedt, Tel. 04184 89 39 0, www.wild-park.de

5 Kanutour auf der Elbe

Die Kanustation Elbtalaue bietet wunderbare Erlebnistouren auf der Elbe an. In sicheren Mannschaftskanadiern führt die Paddeltour durch das Urstromtal der Elbe. Unter fachkundiger Führung macht man sich während der Tour auf die Spuren von Bibern und Seeadlern, besonders eindrucksvoll ist die Bootspartie, wenn Abertausende von Zugvögeln die Flusslandschaft bevölkern. Im Angebot sind zudem Feierabend- und Vollmondtouren.

Kanustation Elbtalaue, Hauptstraße 52a, 39615 Wahrenberg, Tel. 039397 97 48 92, www.kanustation-elbe.de

6 Im Mondlicht

Tagsüber herrscht bisweilen reichlich Verkehr auf dem Heidschnuckenweg. Eine Möglichkeit, dem zu entgehen und gleichzeitig ein kleines Abenteuer zu erleben, bieten Vollmondwanderungen auf einer Etappe des Fernwanderwegs mit einem zertifizierten Wanderführer. Die Infos gibt er im Flüsterton, der Mond taucht die Heidelandschaft in ein mystisches Licht. Eine Taschenlampe wird normalerweise nicht benötigt, die Strecken sind ca. 5 bis 7 km lang, die Vollmond-Touren dauern zweieinhalb bis dreieinhalb Stunden. Die Termine findet man auf der Homepage des Heidschnuckenwegs oder der Website der Lüneburger Heide.

Heidschnuckenweg, www.heidschnuckenweg.de, www.lueneburger-heide.de

7 Besuch bei den Bienen

Nach der blühenden Besenheide duftend, so kennt man den berühmten Heidehonig. Aber was weiß man über die Bienen und die Arbeit der Imker? Auf einer Radtour durch die Heideflächen „Auf dem Töps" und rund um Undeloh bringt Jürgen Persiel das Thema seinen Gästen näher. Die lehrreichen Touren finden nur während der Heideblüte im Sommer statt.

Touristik-Information Hanstedt, Am Steinberg 2, 21271 Hanstedt, Tel. 04184 525, https://naturpark-lueneburger-heide.de; die 25 km-Radtour führt teilweise über sandige Wege, man sollte ein passendes Rad haben.

8 Auf Safari

Seine Nachbarn halten Kühe, Enten und vielleicht Pferde. Henning Bauck hält auf seinem Hof u. a. Prärie-Bisons, Wasserbüffel, ungarische Steppenrinder, Yaks, Lamas, Davidhirsche und Zackelschafe. Diese für die Lüneburger Heide höchst außergewöhnlichen „Viecher" kann man auf einer zweistündigen Nutztier-Safari in den Großgehegen rund um Bad Bodenteich und auf den Weiden der Naturschutzgebiete Schweimker Moor und Lüder Bruch erleben.

Biogut Bauck, Bergstraße 30, 29389 Bad Bodenteich, Tel. 05824 23 46, https://henning-bauck.de; Nutztier-Safari Sa. 14.00 und 16.00, So. 14.00 Uhr, Hofladen und Hofrestaurant Sa. und So. ab 10.00 Uhr

HILFREICH & NÜTZLICH

Keine Reise ohne Planung. Auf den folgenden Seiten haben wir für Sie Wissenswertes und wichtige Informationen für Ihren Heide-Urlaub zusammengestellt.

Festumzug mit der neuen Heidekönigin: Heideblütenfest in Schneverdingen.

Anreise

Mit dem Auto: Die Ferienregion Lüneburger Heide ist sehr gut angebunden. Einige Urlaubsorte wie Bispingen und der Naturpark Lüneburger Heide liegen nahe der Autobahn, andere etwas „ab vom Schuss", vor allem das Wendland. Von Südwesten aus nähert man sich der Heide über die A 2 und die A 7. Aus nordwestlicher Richtung geht es via Bremen und der A 27 bzw. der A 1 in die Urlaubsorte. Aus Berlin kommend gelangt man auch über die A 2 ans Ziel. Die Südheide liegt nahe der Autobahn zwischen Hannover und Berlin, ansonsten wechselt man am Kreuz Hannover Ost auf die A 7. Wer von Norden anreist, fährt via Hamburg auf der A 7 ans Ziel, ab dem Maschener Kreuz führt die A 39 direkt nach Lüneburg. Komplizierter ist die Anfahrt ins Wendland: Am einfachsten ist die Strecke via Lüneburg, ab dort auf der B 216 Richtung Dannenberg. Weiter aus Süden kommend, sollte man sich Richtung Uelzen halten und ab dort der B 493 nach Lüchow folgen.

Mit der Bahn: In der Region sind Lüneburg, Celle, Uelzen und Wolfsburg ICE-Bahnhöfe. Die Metronom-Züge von Bremen nach Hamburg halten in Buchholz in der Nordheide, die Verbindung zwischen Hamburg und Hannover u.a. in Winsen, Lüneburg, Bad Bevensen, Uelzen, Unterlüß und Celle. Der RB 38 der Deutschen Bahn fährt auf der Strecke von Buchholz nach Hannover u.a. die Bahnhöfe Büsenbachtal, Handeloh, Wintermoor, Schneverdingen, Soltau und Walsrode an. Nach Wolfsburg kommt man ab Hannover via Gifhorn auch mit dem ENO RE 30. Von Lüneburg nach Dannenberg verkehrt mit Halt u.a. in Hitzacker der erixx, der auch Uelzen aus Richtung Süden anfährt. Wer kein Deutschland-Ticket besitzt, ist mit dem Niedersachsen-Ticket gut bedient, mit dem bis zu fünf Personen im Nahverkehr fahren können. Eine Person 25 €, 5 Personen 46 €. Informationen unter www.bahn.de, www.der-metronom.de und www.erixx.de.

Schon 2014 wurde der Landkreis Lüchow-Dannenberg in den Hamburger Verkehrsverbund HVV aufgenommen, sodass man von der Elbmetropole aus mit Bahn und Bus im Nahverkehrsbetrieb schnell und günstig ins Wendland reisen kann.

Mit dem Bus: Fernbusse wie der Flixbus fahren natürlich Hamburg, Bremen und Hannover an, verkehren aber auch nach Soltau, Celle und Wolfsburg (www.flixbus.de).

Mit dem Flugzeug: Die nächstgelegenen Flughäfen sind Bremen (www.bremen-airport.com), Hamburg (www.hamburg-airport.de) und Hannover (www.hannover-airport.de).

Elbfähren: Zwischen dem südlichen Elbufer (Niedersachsen) und der Nordseite des Stroms (Mecklenburg-Vorpommern bzw. Brandenburg) verkehren zahlreiche Fähren. So zwischen Bleckede und Neu Bleckede (Tel. 05852 22 55 und 0174 689 65 29), zwischen Darchau und Neu Darchau (Tel. 05853 331), zwischen Hitzacker und Bitter (Tel. 0171 523 18 75) sowie weiter im Osten zwischen Pevestorf und Lenzen (Tel. 038792 76 65), zwischen Schnackenburg und Lütkenwisch (Tel. 05840 447).

Heide-Shuttle: Innerhalb der Ferienregion Lüneburger Heide verkehren während der Saison (15. Juli–15. Okt.) kostenlose Busse des Heide-Shuttles und fahren insgesamt knapp 100 Haltestellen an. Die Busse fahren auf vier Ringlinien, in der Regel täglich zwischen 8 und 20 Uhr und können nicht nur Touristen, sondern jeweils auch noch 15 Fahrräder transportieren.

Auskunft

Leider gibt es für die Ferienregion keine zentrale Auskunftsstelle. Für **allgemeine Informationen** ist eine der folgend genannten sinnvoll:
Lüneburger Heide GmbH, Wallstraße 4, 21335 Lüneburg, Tel. 04131 309 39 60, www.lueneburger-heide.de
Lüneburg Marketing GmbH, Rathaus, Am Markt, 21335 Lüneburg, www.lueneburg.info
Celle Tourismus und Marketing GmbH, Markt 14–16, 29221 Celle, Tel. 05141 70 95 11 95, www.celle.de/tourismus
Tourist-Informationen Wendland: Kur- & Touristinformation Hitzacker (Elbe), Am Markt 7, Tel. 05862 96 97 0, www.wendland-elbe.de; Gästeinformation Lüchow, Johannisstr. 2-3, Tel. 05841 974 73 86, www.region-wendland.de; Touristinfo Gartow, Springstr. 14, Tel. 04856 333, www.gartow-erleben.de; Touristinformation Dannenberg, Am Markt 5, Tel. 05861 80 85 45, www.wendland-elbe.de

Im Internet: www.buchholz-erleben.de, www.naturpark-lueneburger-heide.de, www.suedheide-gifhorn.de, www.reiseland-niedersachsen.de, www.heidschnuckenweg.de, www.erlebniswelt-lueneburger-heide.de, www.naturpark-suedheide.de

Preiskategorien

€€€€	Hauptspeisen	über 25 €
€€€	Hauptspeisen	18–25 €
€€	Hauptspeisen	12–18 €
€	Hauptspeisen	unter 12 €

Essen und Trinken

Die Spezialität der Lüneburger Heide schlechthin ist die **Heidschnucke.** Aus dem Fleisch des Heideschafs werden viele Gerichte und Produkte gezaubert: Heidschnuckenbraten, Heidschnuckenragout, Bratwürste und auch das Heidjer Knipp. Knipp ist eine norddeutsche Spezialität – einst war es ein Arme-Leute-Essen. Hergestellt wird es aus Hafergrütze sowie normalerweise allerlei Zutaten vom Schwein (so genau will man das gar nicht wissen) und diversen Gewürzen. Es wird kross gebraten und ist – serviert mit Bratkartoffeln und sauren Gurken – eine Delikatesse. In der Heide wird das Knipp eben nicht aus Schweine-, sondern aus Heidschnuckenfleisch zubereitet.

Fisch kommt insbesondere entlang der Elbe auf den Tisch, doch auch in der Lüneburger Heide mit ihren zahlreichen Flüssen, Seen und Zuchtteichen kann man hervorragend zum Beispiel Forellen und Karpfen essen. Im Febr./März ist Stintsaison an der Elbe.

Auch die Lüneburger Heide ist noch **Kohl- und Pinkel-Land**. Im Winter wird in zahlreichen Landgasthöfen Grünkohl angeboten, der mit der speziellen Pinkelwurst und in der Regel mit Kassler und Kartoffeln serviert wird.

Die klassische Beilage zu Fisch und Fleischgerichten ist die helle und überwiegend festkochende **Heidekartoffel**. Auch für den Anbau von leckerem **Spargel** sind die Heideböden ideal. **Buchweizen** galt noch bis vor wenigen Jahrzehnten als typisches Arme-Leute-Essen. Heute werden in der Heide Buchweizenpfannkuchen und Buchweizentorte als Heidespezialität verkauft, obwohl das Mehl in den seltensten Fällen aus der Region stammt.

Bei den **Süßspeisen** wird idealerweise der aromatische Heidehonig verwendet, oder die

Nicht nur für Kinder: Erfrischung mit Nervenkitzel im Heide Park Resort.

vielfach in der Heide kultivierten Heidelbeeren. Und die **Getränke**? Die Brauerei Carl Betz in Celle wurde bereits 1883 gegründet; im Programm sind Sorten von Celler Urtrüb über Celler Bock bis Celler Weißbier. Die Privatbrauerei Wittinger ist in der Südheide beheimatet, in Walsrode wird im Hünzinger Brauhaus das Schnuckenbräu gebraut, in Sommerbeck bei Dahlenburg das Dachs-Bier aus ökologischem Anbau und im kleinen Kussebode bei Clenze das WendlandBräuWendland.
Eine **Restaurantauswahl** gibt es auf den Infoseiten und auf S. 36 und 37.

Kinder

Neben den großen **Freizeit- und Tierparks** (s. auch S. 22), dazu gehört auch der Wildpark Schwarze Berge (Am Wildpark 1, 21224 Rosengarten, Tel. 040 81 97 74 70, www.wildpark-schwarze-berge.de), gibt es in der Lüneburger Heide viele weitere „Kinderbelustigungen". Mitmach-Aktionen bietet die **Filzwelt Felto** (Marktstraße 19, Tel. 05191 975 49 43, www.filzwelt-soltau.de) in Soltau. Austoben können sich die lieben Kleinen im **Heidewitzka** (Gottfried-von-Cramm-Straße 1, 29614 Soltau, Tel. 05191 1 30 56, http://heidewitzka.com), einem Spieleparadies in Soltau, und in den Spaßbädern der Region wie dem **Badeland Uelzen** (Veerßer Straße 77, 29525 Uelzen, Tel. 0581 96 03 11, www.stadtwerke-uelzen.de). Aufregender wird es im **Kletterwald Scharnebeck** (Adendorfer Straße 31, 21379 Scharnebeck, Tel. 04136 91 18 97, www.kletterwald-scharnebeck.de) oder in der **HöhenwegArena** bei Schneverdingen (Camp Reinsehlen 20, 29640 Schneverdingen, Tel. 05198 98 73 73, www.hoehenweg.de). Zeitreisen bietet das **Archäologische Zentrum** in Hitzacker (s. auch S. 77).

Kutschfahrten

Viele Kutschfahrten werden rund um den Wilseder Berg angeboten. Auf den Kutschböcken sitzen „Qualitätskutscher". Das bedeutet, sie können viel Wissenswertes über die Heide erzählen. Zu erkennen sind sie an einem Aufdruck auf ihren Westen sowie einem Logo auf der Kutsche. Fahrten nach Wilsede beginnen u. a. in Nieder- und Oberhaverbeck, in Undeloh und Döhle. Auch in Amelinghausen und Schneverdingen sowie in der Südheide in Müden und rund um die Misselhorner Heide fahren Kutschen. Infos: www.lueneburger-heide.de.

Reisezeit

Die Heide in voller Blüte zu sehen, ist ein wunderbares Erlebnis. Das allerdings hat sich herumgesprochen, und so ist die Urlaubsregion Lüneburger Heide zur Heideblüte insbesondere rund um den Wilseder Berg komplett überlaufen. Normalerweise blüht die Heide im Aug. und Sept. Im heißen Jahrhundertsommer 2018 beispielsweise war sie aber etwas früher dran. Ab Juli kann man den aktuellen Stand der Heideblüte im Internet auf dem Blütenbarometer verfolgen (www.lüneburger-heide.de).

Sport und Freizeit

Angeln: Zahlreiche Seen, Angelteiche und Flüsse wie Örtze und Ilmenau laden ein zu „Petri Heil" in der Lüneburger Heide. An vielen Stellen ist der Sportfischerschein erforderlich.
Baden: Wasserratten finden in der Lüneburger Heide zahlreiche Seen und idyllisch gelegene Natur- und Freibäder. Zu empfehlen sind u. a. das Strandbad Dorfmark bei Bad Fallingbostel (www.strandbad-dorfmark.de), der Lopauseee bei Amelinghausen, der Brunausee bei Bispingen und das Strandbad Düshorn bei Walsrode (www.strandbad-dues horn.de). Badespaß der besonderen Art bietet das Naturerlebnisbad Aquadies bei Egestorf (http://aquadies.de).
Nordic Walking: In den Kurorten wie Bad Bevensen und Bad Fallingbostel, aber auch in Erholungsorten wie Bispingen, Schneverdingen und dem Kneipp-Kurort Hitzacker werden Nordic-Walking-Kurse angeboten.
Radfahren: Die Lüneburger Heide ist eine Radfahrer-Region – obwohl die vielen kleinen Anstiege in der Summe ganz schön in die Beine gehen können. Rund um den Wilseder Berg sind die Wege bisweilen ein wenig sandig, teilweise wird man auf dem Kopfsteinpflaster ganz schön durchgeschüttelt. Landschaftlich findet man dort die schönsten Strecken und fast alle Wanderwege dürfen auch offiziell von Radlern benutzt werden. Viele gut ausgeschilderte Radwege führen durch die Lüneburger Heide. Darunter sind Tagestouren wie die Kleine Heidetour bei Bispingen (27 km), die

Info

Daten & Fakten

Lage und Eingrenzung: Der Begriff Lüneburger Heide führt ein wenig in die Irre. Benannt wurde die Region einst nach Lüneburg, das Gebiet erstreckt sich jedoch weit südwärts davon. Die Ferienregion Lüneburger Heide zählt zum Bundesland Niedersachsen, erstreckt sich über die Landkreise Celle, Gifhorn, Uelzen, Heidekreis (früher Soltau-Fallingbostel), Lüneburg, Lüchow-Dannenberg sowie den Südostteil des Landkreises Harburg. Nicht zur Lüneburger Heide gehörend, aber direkt angrenzend sind die VW-Stadt Wolfsburg und die Niedersächsischen Elbtalauen und dort auch Teile des Elbe-Nordufers in Mecklenburg-Vorpommern. Die Lüneburger Heide ist grob in fünf Naturräume gegliedert: die Hohe Heide, die Südheide, die Ostheide, das Uelzener und Bevenser Becken sowie die Luheheide. Im Gegensatz zur sonstigen Norddeutschen Tiefebene, die überwiegend platt wie ein Pfannkuchen ist, kommt die Lüneburger Heide als gewellte und oft bewaldete Hügellandschaft daher. Höchste Erhebung ist der Wilseder Berg mit 169 m im seit 1921 ausgewiesenen Naturschutzgebiet. Die klassischen Heidelandschaft macht jedoch noch nicht einmal 1 % der Gesamtfläche aus.
Wirtschaft und Tourismus: In den zentralen ländlichen Gebieten der Lüneburger Heide findet man so gut wie keine Industrie- oder größere Gewerbeansiedlungen. Von der Landwirtschaft leben jedoch noch nicht einmal 3 % der Bevölkerung; die Heidebauernwirtschaft mit Heidschnuckenhaltung und Heide-Imkerei kann fast immer nur noch subventioniert oder in Verbindung mit touristischen Angeboten bestehen. Überhaupt ist der Tourismus in der Urlaubsregion Lüneburger Heide mit mehr als 5,5 Mio. Übernachtungen (ohne Wendland und Wolfsburg) inzwischen einer der entscheidenden Wirtschaftsfaktoren der Region. Mehr als 30 000 Menschen arbeiten im Tourismus-Sektor, der einen jährlichen Bruttoumsatz von ca. 1,2 Milliarden Euro erwirtschaftet.
Die Region um Wolfsburg wird natürlich vom VW-Werk bestimmt, Gifhorn z. B. ist stark geprägt durch die Ansiedlung von Zuliefererbetrieben für VW. Celle hat sich einen Namen als europäisches Zentrum für Bohr- und Erdöltechnik gemacht, und in Uelzen werden im Nordzucker-Werk pro Tag bis zu 20 000 t Rüben zu Zucker verarbeitet.

Zeit-für-mich-Tour (52 km) oder auch längere Themen-Routen wie die 165 km lange Postmeister-Route und die rund 150 km lange Kloster-Route (für alle: www.lueneburger-heide.de). Zudem führen der Aller-Radweg (www.allerradweg.de), der Leine-Heide-Radweg (www.leineheideradweg.de) und der Ilmenau-Radweg (www.ilmenauradweg.de) durch die Region. Ein ganz besonderes Erlebnis sind Touren entlang der Elbe (www.elberadweg.de) und durch das Wendland (www.wendland-elbe.de).

Paddeln: Die Flüsse der Lüneburger Heide sind ein erstklassiges Revier für entspannte Paddeltouren. Ilmenau (s. auch S. 113), Aller, Böhme, Örtze, Seeve und Luhe heißen die Flüsschen in der Region, die das Herz von Kanufreunden höher schlagen lassen. Wer nicht mit dem eigenen Boot anreist, findet vor Ort Kanuverleiher, die in der Regel auch den Rücktransport zur Einstiegsstelle gewährleisten (www.kanufertiglos.de, www.kanuaktiv.de, www.heide-kanu.de, www.kanu-feeling.de).

Reiten: Die Lüneburger Heide ist Pferdeland, Luhmühlen seit Jahrzehnten das Zentrum der deutschen Vielseitigkeitsreiter, die Celler Hengstparade nur ein Beispiel für die Bedeutung der Reiterei in der Region. Auf zahlreichen Bauernhöfen stehen Gastboxen für das eigene Pferd bereit. Zudem gibt es hier viele Park & Ride-Stationen für Fahrzeuge mit Pferdeanhänger an den Ausgangspunkten der ausgewiesenen Reitrouten. Park & Ride bedeutet hier im wahrsten Sinne des Wortes Parken und Reiten. Reiterhöfe unter www.reiturlaub.org

Wandern: Die Lüneburger Heide ist ein Wander-Paradies. Die Region rund um den Wilseder Berg ist autofrei und schon von daher besonders für Tages- oder Halbtagestouren geeignet. Diese Touren zwischen ca. 10 und höchstens 25 km nennen sich „Der Gipfel ruft" (Wilseder Berg, 9,5 km; www.undeloh.de) oder „Weitblick-Zeitblick" (Oberhaverbeck, 9,5 km; www.lueneburger-heide.de), sind bestens ausgeschildert und meist Rundwanderwege. Herrlich zum Wandern ist auch die Südheide um Müden und Faßberg. Zudem führen einige Fernwanderwege durch die Lüneburger Heide, und die schönsten Heideflächen kann man nach und nach auf dem Heidschnuckenweg erwandern (www.heidschnuckenweg.de; s. auch S. 99).

Wasserski: Wer Wasserski oder Wakeboard fahren will, kann seinem Hobby im WakePark in Wolfsburg nachkommen (www.wake-park.de).

Golf: Ein gutes Dutzend Golfplätze finden sich in der Region. Mit der Heide Golf Card darf man auf vier Plätzen zum Spezialtarif spielen. (www.lueneburger-heide.de/service/artikel/2773/13-Golfplaetze-in-der-Lueneburger-Heide).

Unterkunft

Die Lüneburger Heide bietet die ganze Palette an Unterkunftsmöglichkeiten. Der Standard der Hotels im ländlichen Raum ist recht hoch, viele nennen sich „Naturotel" und setzen auf Nachhaltigkeit und ökologische Angebote. Hunderte von Privatanbietern bieten Zimmer, Ferienwohnungen oder Ferienhäuser an. Zur Heideblüte im Aug. und Anf. Sept. sind vor allem rund um den Wilseder Berg fast alle Unterkünfte ausgebucht; es empfiehlt sich, weit im Voraus zu reservieren. Auch für einen Wochenendaufenthalt in Lüneburg sollte man früh buchen. Eine **Auswahl empfehlenswerter Unterkünfte** gibt es auf den Infoseiten.

Preiskategorien

€€€€	Doppelzimmer	über 200 €
€€€	Doppelzimmer	150–200 €
€€	Doppelzimmer	100–150 €
€	Doppelzimmer	50–100 €

Camping: An die 100 Campingplätze findet man in der Region. Infos bei den Tourist-Informationen und unter www.camping.info. Stellplätze für Wohnmobilisten: www.stellplatzfuehrer.de

Jugendherbergen: In der Region findet man Herbergen in Bad Fallingbostel (Liethweg 1, 29683 Bad Fallingbostel, Tel. 05162 22 74), Bispingen (Töpinger Straße 42, 29646 Bispingen, Tel. 05194 23 75), Hankensbüttel (Helmrichsweg 24, 29386 Hankensbüttel, Tel. 05832 25 00), Hitzacker (An der Wolfsschlucht 2, 29456 Hitzacker, Tel. 05862 244), Lüneburg (Soltauer Straße 133, 21335 Lüneburg, Tel. 04131 4 18 64), Müden/Örtze (Wiesenweg 32, 29328 Faßberg, Tel. 05053 225), Uelzen (Fischerhof 1, 29525 Uelzen, Tel. 0581 53 12) und Wolfsburg (Kleiststraße 18–20, 38440 Wolfsburg, Tel. 05361 1 33 37). Wer in einem der Häuser des DJH übernachten möchte, braucht einen Mitgliedsausweis. Einen Überblick bekommt man unter www.jugendherberge.de oder beim Deutschen Jugendherbergswerk (DJH, Leonardo-da-Vinci-Weg 1, 32760 Detmold, Tel. 05231 74 01 0).

Ferien auf dem Bauernhof: Viele Heidehöfe bieten Urlaub auf dem Bauernhof an. Infos unter www.bauernhofurlaub.de, www.landreise.de und www.lueneburger-heide.de

Geschichte

3. Jt. v. Chr.: Erste Besiedlung.
3. bis 6. Jh.: Germanische Sachsen besiedeln den Nordwesten Deutschlands.
9. Jh.: Im Wendland errichten eingewanderte slawische Siedler die ersten Rundlingsdörfer.
772–785: Missionierung der Sachsen.
792/795: Lüneburg wird erstmals erwähnt.
1137: Das Geschlecht der Welfen, Herzöge von Bayern, erlangt durch Heirat auch das Herzogtum Sachsen.
1235: Herzog Otto, Sohn Heinrichs des Löwen, überschreibt seine Güter dem Kaiser und wird dafür Lehensherr des neu geschaffenen Herzogtums Lüneburg-Braunschweig.
1247: Lüneburg erhält das Stadtrecht.
1292: Herzog Otto der Strenge, Fürst im Fürstentum Lüneburg, gründet Celle.
1363: Lüneburg wird Vollmitglied des Städtebundes Hanse.
1521–1546: Einführung der Reformation unter Herzog Ernst dem Bekenner.
1692: Das Herzogtum Braunschweig-Lüneburg wird zum Kurfürstentum Hannover erhoben.
1714–1837: Die Kurfürsten und späteren Könige von Hannover aus dem Hause der Welfen sind zugleich Monarchen in Großbritannien und residieren in London.
1814: Auf dem Wiener Kongress wird das Kurfürstentum Hannover zum Königreich erhoben.
1858: In Wietze wird Erdöl entdeckt.
1866: Nach dem Deutschen Krieg annektiert Preußen das Königreich Hannover.
1893: In Munster entsteht der erste Truppenübungsplatz in der Lüneburger Heide.
1910: Pastor Wilhelm Bode kauft den Wilseder Berg und legt damit den Grundstein für die Errichtung des Naturschutzparks.
1921: Das Gebiet rund um den Wilseder Berg wird als eine der ersten Flächen deutschlandweit zum Naturschutzgebiet erklärt.
1938: Gründung der heutigen Stadt Wolfsburg als „Stadt des KdF-Wagens bei Fallersleben".
1963: Ende der Erdölförderung in Wietze.
1975: Verheerende Waldbrände wüten in der Südheide und im Wendland.
1980: Die Saline in Lüneburg stellt ihre Arbeit endgültig ein.
1989/1990: Deutsche Wiedervereinigung.
1995: Erster Castor-Transport; das Zwischenlager für hochradioaktiven Abfall in Gorleben wird trotz Proteste in Betrieb genommen.
2000: Der Hundertwasser-Bahnhof in Uelzen wird eröffnet.
2007: Lüneburg darf sich offiziell wieder Hansestadt Lüneburg nennen.
2016: Auch Uelzen trägt wieder den Titel Hansestadt im Namen.
2017: Eröffnung des vom US-amerikanischen Star-Architekten Daniel Libeskind entworfenen Zentralgebäudes der Leuphana-Universität in Lüneburg.
2020: Der Salzstock von Gorleben gilt als ungeeignet für ein atomares Endlager.
VW verliert den Status "größter Fahrzeugproduzent der Welt" (im Hinblick Fahrzeugabsatz) zu sein an Toyota.
2023: Auf der historischen Dömitzer Eisenbahnbrücke wird ein Skywalk eröffnet.

REGISTER

Fette Ziffern verweisen auf Abbildungen

A
Amelinghausen **26, 34,** 40
Archäologisches Zentrum Hitzacker **69, 77,** 77
Autostadt Wolfsburg **23,** 23, **104,** 104, **105, 109,** 109, **112,** 113, **121**

B
Bad Bevensen **16/17, 103, 111,** 111, 113
Bardenhagen 36
Bardowick **50,** 54, 62
Bendestorf 63
Bergen-Belsen, KZ **98,** 98
Bispingen **23,** 23, 35, **40,** 40
Bleckede 63, **77,** 77
Bossard, Kunststätte **51,** 54, **62,** 63
Brunausee 41
Buchholz in der Nordheide 63

C
Celle 7, 7, **20/21, 80–85,** 82, **88, 89,** 92, **93, 94, 97,** 97
Bieneninstitut 92, **93, 95**
Niedersächsisches Landgestüt **80/81, 88, 89,** 97, 98
Schloss **82,** 82, **83,** 97
Clenze 78

D
Dannenberg **70, 71,** 78
Döhle **36,** 36

E
Egestorf 6, 39
Elbtalauen 7, **72, 73, 74, 75,** 75, 77, **78, 79,** 79, 115

F
Freilichtmuseen
Am Kiekeberg **55, 63,** 63
Heidemuseum Rischmannshof 98
Mühlenmuseum (Gifhorn) **12/13, 106,** 112
Museumsdorf Hösseringen **98,** 99
Museumsdorf Seppensen 63
Wendlandhof **66,** 67, 78

G
Gartow 79
Gartower See 79
Gifhorn **12/13, 106, 107, 112,** 112
Göhrde, Staatsforst 77
Gorleben 67, 71, 72, 79

H
Hankensbüttel 23, **111,** 112
Hanstedt 23, **37,** 37
Heide 4, 6, 7, **8/9, 14/15, 24/25, 26,** 26, **27, 28, 29, 30, 32,** 39, 40, **41,** 41, 79, **99,** 99, 114, 115
Borsteler Schweiz **29**
Ellerndorfer Wacholderheide **8/9**
Heidegarten Schneverdingen **32**
Höpen **30,** 39
Kronsbergheide 40
Marxener Paradies 40
Nemitzer Heide 79
Pietzmoor 7, **28,** 39, 114
Steingrund 41
Timmerloher Heide **24/25**
Totengrund 7, 39, 41, **120**
Wilseder Berg **27, 28,** 39, **41,** 41
Heide Park Resort **22,** 22, 99, **117**
Heide-Express 62
Hitzacker **68,** 68, **69, 77,** 77
Hodenhagen 6, **22,** 22

I
Ilmenau, Fluss **44, 113,** 113
Iserhatsche **32, 33,** 33, 35, 40

J
Jabel 67, 78
Jameln 36, **37**
Jesteburg 63

K
Klöster
Ebstorf 7, **102,** 107, **111,** 111, **121**
Isernhagen 112
Lüne **50, 61,** 61
Medingen 111
Walsrode **87,** 98
Wienhausen 7, **18/19, 86, 87,** 98
Kniepenberg 77
Kröte **67**
Kulturelle Landpartie 78
Küsten **66**

L
Lopausee 40
Lübeln **66,** 67, 78
Lüchow **64/65, 70, 78,** 78
Luhmühlen **53,** 62
Lüneburg **4,** 6, **7, 10/11, 42/43, 44, 45,** 45, **46, 47, 48, 49, 61,** 61
„Rote Rosen" **56,** 56, **57, 58, 59**
Altes Rathaus **42/43, 47, 57,** 61
Am Sande 6, **7,** 49, 61
Deutsches Salzmuseum **44,** 46, 61
Stintmarkt 6, **10/11, 45,** 49
Universität 51, **52**

M
Mammoissel **66,** 67
Müden a.d. Örtze 37, 89, **90, 91,** 99
Mützingen **67**

N
Neuenkirchen **39,** 39
Niederhaverbeck 41

O
Oberhaverbeck 41
Örtze, Fluss **90,** 90
Otter-Zentrum 23, **111,** 112

P
Pevestorf 37, 79

R
Ralf Schumacher Kartcenter 23, 35, **40,** 41
Rüterberg 68, 78, 79

S
Salzhausen 6, 62
Satemin 78
Scharnebeck 52, **62,** 62
Schnackenburg **70, 78,** 79
Schneverdingen **30, 34, 35,** 36, **37,** 37, **39,** 39, **116**
Seevetal 36
Serengeti-Park **6,** 6, **22,** 22, **91,** 98
Skihalle **23,** 23, 35, 41
Soltau **22,** 22, 98, 99, **117**

T
Thunpadel 67

U
Uelzen 7, **36,** 37, **100/101, 102,** 103, 111, 113
Undeloh 6, **28,** 39

W
Walsrode 22, **23, 98,** 98
Wietze 86, 98
Wildpark Lüneburger Heide 23, **54, 115,** 115
Wildpark Schwarze Berge **54,** 63
Wilsede **27, 31**
Winsen/Luhe **62,** 62
Wolfsburg **4, 23,** 23, **104,** 104, **105, 108,** 109, **109, 112,** 112, 113

Impressum

3. Auflage 2024

Verlag: DuMont Reiseverlag, Postfach 3151, 73751 Ostfildern, Tel. 0711 45 02 0, www.dumontreise.de
Geschäftsführer: Dr. Stephanie Mair-Huydts, Markus Schneider
Programmleitung: Andrea Wurth
Redaktion: Achim Bourmer
Text: Sven Bremer, Bremen
Exklusiv-Fotografie: Gerald Hänel, Hamburg
Titelbild: Cornelia Dörr/HUBER IMAGES
Zusätzliches Bildmaterial: S. 26 o. DuMont Bildarchiv/Johann Scheibner, 36 r. laif/Gerald Hänel, 37 o. l. Hotel Sellhorn Hanstedt/Tobias Trapp, 37 u. Das Alte Haus Jameln/Michael Mittelstein, 40 l. abenteuer-resort.de, 53 u. l. mauritius/Alamy/Stock Fotos, 63 mauritius/Dirk Daniel Mann, 72/73 o. DuMont Bildarchiv/Johann Scheibner, 75 u. mauritius/United Archives, 95 mauritius/Hubertus Blume, 120 l. Shutterstock/Copula, 120 r. Shutterstock/Olha Rohulya, 121 o. picture-alliance/Heritage Images, 121 M. mauritius/Alamy/Arterra Picture Library, 121 u. laif/Christian Kerber
Grafische Konzeption und Art Direktion: fpm factor product münchen
Cover Gestaltung und Layout: Cyclus · Visuelle Kommunikation, Stuttgart
Kartografie: © MAIRDUMONT GmbH & Co. KG, Ostfildern
Kartografie Lawall (Karten für „Unsere Favoriten")
DuMont Bildarchiv: Marco-Polo-Straße 1, 73760 Ostfildern, Tel. 0711 45 02 0, bildarchiv@mairdumont.com

 Erscheinungsweise: vierteljährlich.

Anzeigenvermarktung: MAIRDUMONT MEDIA, Tel. 0711 45 02 0, Fax 0711/4502-1012, media@mairdumont.com, http://media.mairdumont.com
Vertrieb Zeitschriftenhandel: PARTNER Medienservices GmbH, Postfach 810420, 70521 Stuttgart, Tel. 0711 72 52 212, Fax 0711 72 52 320
Vertrieb Abonnement: Leserservice DuMont Bildatlas, Zenit Pressevertrieb GmbH, Postfach 810640, 70523 Stuttgart, Tel. 0711 72 52 265, Fax 0711 72 52 333, dumontreise@zenit-presse.de
Vertrieb Buchhandel und Einzelhefte: MAIRDUMONT GmbH & Co KG, Marco-Polo-Straße 1, 73760 Ostfildern, Tel. 0711 45 02 0, Fax 0711 45 02 340
Reproduktionen: PPP Pre Print Partner GmbH & Co. KG, Köln

Printed in Germany

Urlaub erinnern...

Jeder Urlaub geht einmal zu Ende – was bleibt, sind die Mitbringsel, aber auch die Erinnerungen an Land und Leute, an Aromen und Düfte und an manche Kuriosität.

WIE IN AFRIKA

Ich hatte einen Stapel Bücher mitgenommen ins Hotel Camp Reinsehlen. Aber ich habe so gut wie nichts gelesen. Der Blick vom Balkon auf die Landschaft ist geradezu magisch. Es handelt sich hier um Norddeutschlands größte Magerrasenfläche. Das klingt nicht besonders aufregend. Ist es aber! Und viele sagen, die Landschaft erinnere sie gar an die Savanne in Afrika!

SONNENAUFGANG AM TOTENGRUND

Man kann dem Totengrund unweit des Wilseder Bergs zu jeder Tageszeit einen Besuch abstatten. Aber am schönsten ist es definitiv ganz früh am Morgen. Wenn Nebelschwaden über der einzigartigen Heidelandschaft wabern, sich langsam, aber sicher die Sonne am Horizont zeigt und alles in ein goldenes Licht taucht. Ganz schön kitschig, wenn es nicht so grandios wäre ...

ZURÜCK INS MITTELALTER

Von außen betrachtet ist das Rathaus zu Lüneburg mit seiner barocken Fassade schon sehr stattlich. Aber erst bei einer Führung erlebt man wirklich, welch ein Juwel das Gebäude mit seinen rund 250 Räumlichkeiten ist. Die ältesten, wie die Gerichtslaube, stammen aus dem 14. Jahrhundert und versetzen die Besucher gleichermaßen ins Staunen und ins Mittelalter.

DELIKATESSE AUS DER HEIDE

In Zeiten des Klimawandels sollte man ja seinen Fleischkonsum möglichst reduzieren. Aber das Fleisch der Heidschnucke wollte ich schon mal probieren. Und mir läuft immer noch das Wasser im Mund zusammen, wenn ich nur daran denke. Mild und aromatisch zugleich schmeckt das Fleisch, weniger wie Lamm, eher wie Wild. Ein absoluter Hochgenuss, auch als Wurst oder als Heidjer Knipp.

AUF SALZ GEBAUT

Wenn ich an die schiefen Säulen in der St. Michaeliskirche in Lüneburg denke, denke ich auch an die Geschichte der Stadt: Im Mittelalter wurde Lüneburg durch die Salzgewinnung reich. Aber infolge des jahrhundertelangen Abpumpens der Sole entstanden Hohlräume unter der Erde. Die Folge: die Erde senkt sich an einigen Stellen so massiv ab, dass Gebäude in Schräglage geraten.

DIE ERDE IST EINE SCHEIBE

Nicht in Florenz, Kairo oder im heutigen Istanbul, nein, im kleinen Ebstorf im idyllischen Schwienautal ist die größte zusammenhängende Landkarte des Mittelalters zu bestaunen. Für die Kartografen um das Jahr 1300 war die Erde noch eine kreisrunde Scheibe, mit Jerusalem als Mittelpunkt der Welt – und ganz im Osten vermuteten sie das Paradies.

»DIE NATURVERHUNZUNG ARBEITET „EN GROS", DER NATURSCHUTZ „EN DETAIL".«

Hermann Löns

HEIDE-AUSSENPOSTEN

Im Wendland hätte ich alles erwartet, nur keine klassische Heidefläche. Aber es gibt sie; zwischen Gartow und Lüchow liegt die Nemitzer Heide, entstanden 1975 nach verheerenden Waldbränden. Die Kiefernwälder wurden nicht wieder aufgeforstet und so entwickelte sich auf den nährstoffarmen Sandböden im Laufe der Zeit eine 550 Hektar große Heidelandschaft – vor allem zur Blütezeit ein Traum in lila.

GEDENKSTÄTTEN BERGEN-BELSEN

Im Konzentrationslager Bergen-Belsen starben bis 1945 mehr als 50 000 Menschen, darunter Anne Frank, die durch ihre Tagebücher weltberühmt wurde. Im Dokumentationszentrum wird u. a. mit Exponaten, Tagebüchern, und Fotografien ehemaliger Häftlinge an die unfassbaren Gräueltaten der Nazis erinnert. Das ist nur schwer auszuhalten und bleibt mir für immer in Erinnerung.

ZEITREISE

Mit Autos habe ich eigentlich nicht so viel im Sinn, habe mein eigenes unlängst sogar abgeschafft. Aber den Besuch im ZeitHaus in der VW-Autostadt in Wolfsburg habe ich trotzdem genossen. Und das nicht einmal wegen der schnittigen Lamborghini-Modelle oder dem einzigartigen Bugatti Atlantic. Eher wegen der Käfer, des Renault 16 oder des VW-Variant – Autos, in denen ich früher selbst unterwegs war.

MEISTER BOCKERT BEI DER ARBEIT

Man hat davon gelesen, dass die Biber zurückgekehrt sind ins Wendland und vorzugsweise im Biosphärenreservat Niedersächsische Elbtalaue einen geeigneten Lebensraum finden. Aber dass ich auf einer Radtour gleich drei leibhaftige Biber entdecke, das hätte ich nie erwartet. Einen am Gartower See, einen östlich von Schnackenburg und einen bei Pevestorf.